华夏文库·儒学书系

儒学滥觞

孔子与早期儒学

周海春 著

大地传媒　中州古籍出版社

《华夏文库》发凡

毫无疑问，每一个时代都有属于自己时代的精神追求、文化叩问与出版理想。我们不禁要问，在21世纪初叶，在全球文明交融的今天，在信息文明的发轫初期，作为一个中国出版人，我们正在或者将要追求什么？我们能够成就或奉献什么？我们以何种方式参与全球化时代的文化传播进程？在一连串的追问下，于是，有了这套《华夏文库》的出版。

自信才能交融。世界各大文明在坚守自身文化个性的同时，不约而同地加快了探视其他文化精神内涵的步伐，世界不同文明正在朝着了解、交流、碰撞、借鉴与融合的方向前进。在此背景下，建立自身的文化自信，正是与世界各文明民族进行文化交流的基本要求。五千年中华文明与文化正在不断地被其他文明所发现、所挖掘、所认知，汉语言正在生长为世界语言，儒文化正在世界各地生根发芽。

借助这样一种正在成长着的文化自信、自觉、开放、亲和之力，用我们这个时代的学术眼光全面系统梳理中华五千年的文明与文化，向其他各大文明与文化圈正面展示自我，让中华优秀文化成为世界文化的重要组成部分，正是我们出版这套文库的目的之一。此其一。

知己才能知彼。身处五千年文化浸润的今天，重新思考我们先人的人生思考、价值思考与哲学思考，找到一个民族、一个国家的价值所在、立命所在、安身所在，这已经是我们这个时代的学人与出版人不得不再思考的问题。作为中华文明的一分子，我们在思考的同时，还必须了解我们的先人创造了如何优秀的精神文明与物质文明以及社会文明。只有熟知自己的文化，热爱自己的文化，悟明自己的文化，我们才能宣说自己、弘扬自己、光大自己。因此，我们策划组织这套《华夏文库》的初衷，还在于让当下的知识青年全面系统瞭望中华文明与文化的全景，并借此能够对更为深广的世界各民族文化提供一个比较认知的基础。此其二。

顺势才能有为。我们正处在农耕文明、工业文明、信息文明的交汇处，信息文明带领我们从读纸时代进入读屏时代，以智能手机屏幕为代表的书籍呈现方式正在与纸质书籍争夺阅读时间与空间。我们正在领悟数字技术，正在以信息文明的视角，去整理、分析和研究农耕文明与工业文明的文化遗产，不仅仅是为了唤醒优秀的传统文化，我们还在生发和原创着当今时代的文化。由此，我们试图架起一座桥梁——由纸质呈现而数字呈现，由数字呈现而纸质呈现，以多媒介的书籍呈现方式，将文字、图像、声音与视频四者结合，共同筑成《华夏文库》以奉献给信息文明时代的新读者。此其三。

总之，这是一套——专家大家名家写小书；以最小的阅读单元，原创撰写中华精神文化、物质文化与社会文明系列主题与专题；以图文、音视频多媒介呈现的方式，全面介绍与传播中华文明与优秀文化，系统普及与推介中华文明与文化知识；主旨是为了让世界与中国共同了解中国的——大型丛书，借此，复兴文化，唤起精神，融入世界。

耿相新

2013 年 6 月 27 日

目 录

一 礼崩乐坏

1. 礼乐文化的内涵 …………………………………… 3
2. 儒家圣王与礼乐文化的形成 …………………… 9
3. 春秋以来礼崩乐坏的表现 ……………………… 14

二 学术下于私人：孔子开私学之风

1. "君"与"师" ……………………………………… 27
2. 孔子教谁：有教无类 …………………………… 31
3. 孔子用什么方法教：起、发、诱、诲 ………… 33
4. 孔子要把人教成什么样？ ……………………… 35
5. 理想的师生关系是怎样的？ …………………… 38

三 孔子之儒学：六艺之学

1 孔子以六艺教学 42
2 礼学 43
3 乐学 46
4 书学 50
5 易学 52
6 《春秋》学 54
7 《诗》学 56
8 射学 58
9 御学 59

四 道术的分裂与孔子后学

1 孔子与儒学的创立 63
2 《论语》的结集：孔子后学的精神指南 ... 66
3 颜回和颜氏之儒 70
4 思孟学派：早期儒学中的心性派 72
5 荀子：早期儒学中的礼学派 75
6 早期儒学和道家关系之谜团 77

7	孟子拒斥墨家	79
8	儒法治国方法之争	80
9	儒家和阴阳家都关注阴阳范畴	81
10	儒家和名辩者在语言哲学问题上的交锋	83

五　儒家之道

1	活着的意义：立志成圣贤	87
2	成圣贤如何可能：人性的善与恶	93
3	如何成圣贤：天生的还是学来的？	100
4	圣贤：天乎？人乎？	102
5	内求还是外求？	105
6	谁能成圣贤：所有人还是个别人？	107
7	圣贤的德性生活	110
8	圣贤的饮食之道	113
9	圣贤的家庭之道	117
10	圣贤的交友之道	119
11	圣贤的从政之道	122

小知识目录

术士之儒	8
投壶游戏	8
网开三面	13
八佾	24
圣门四科	30
孔子修墓	45
曲水流觞	65
诸子百家	76
六博棋	84
击壤	92
圣贤的穿衣之道	111
圣贤的财富之道	116

一 礼崩乐坏

儒学、儒家、儒教,大约是一个事物的不同名称。从学派和团体的角度来看是儒家,从学问、学派的角度看是儒学,从信念、信仰来看是儒教。章太炎称最早的儒家为"术士之儒"。

桂馥隶书对联
联文：夏鼎商盘周礼乐，唐诗晋字汉文章。清代杰出学者、著名文字学家、书法家、篆刻家桂馥（1736～1805年）书。北京首都博物馆藏

中华是礼仪之邦，儒家文化是礼乐文化，礼乐是中国文化的核心，礼乐也是中华文明的主要标志。古人把是否有礼乐看成是文明人和野蛮人的区别，也就是所谓的"夷夏之辨"。那些在礼乐文化创立和繁荣过程中起到了很大作用的人往往就被当成儒家的代表性人物。孔子创立的儒学就是对礼乐文化的一种提炼和提升。

1. 礼乐文化的内涵

什么是礼乐文化呢？什么是礼呢？历史上有很多解释。简单点说，包括如下几层意思：

其一，人意识到应该更文明一些是礼乐发生的心理机制。当一个人觉得自己应该更文明一些的时候"礼"就发生了。"礼"的核心是"人"，不过不是人的全部内容，而是人性的光明面、积极面。所以古人用"礼"来定义人，认为如果人没有礼的话就和其他动物差不多了。人之所以为人就是因为懂礼。"凡人之所以为人者，礼义也。"（《礼记·冠义》）

孔子也说："不学礼，无以立。"（《论语·季氏》）"礼"是人得以"立"的一个条件，不学礼人就立不起来了。什么才叫作"立"了呢？中国人常常说"成家立业"。"成家立业"是说自己成熟了，懂得担当社会责任了，能够爱护和照顾别人了，自己成长起来了。"立"的核心意思是自己认识到自己应该成为一个更好的人，应该担当更多的社会责任，和别人的生活相互配合和相互协作。

其二，礼是人的善良本性对作恶倾向的一种节制。《礼记》中强调礼义和人情的关系，认为礼是用来约束和修饰情感的，也是用来养

山东曲阜孔府二堂
堂上悬挂康熙手书"节并松筠"及乾隆手书"诗书礼乐"匾额

护情感的。礼可以让不好的情感得到节制,让好的情感得以延续和发展。"礼者,因人之情,而为之节文,以为民之坊者也。"(《礼记·坊记》)为什么要节情呢?就是因为不节制自己的情感会伤害到自己和他人。中医理论认为,恐伤肾,思伤脾,怒和忧愁会伤肝,喜伤心。一个发怒的人有可能会伤害别人。人的喜怒哀乐要平和,要中和,这样才不会伤害到自己和他人。礼的节制包括两个方面:一个是自己内心平静下来,认识到自己的情绪过头了,就能够节制自己;另外就是想到社会的习俗和道德规矩的话自己就会平静下来。

其三,礼是人基于人性的自觉而表达的善心。"志之所至……礼亦至焉。"(《孔子闲居·礼记》)当一个人自己对人性善有所觉悟的时候,就拥有了善心,把善心表现出来就是礼。"礼"字用"示"作偏旁,意思是"显示""记号",使人的意图传达出去,让另外的人知道。"豊"是祭神的仪器，古人用"豊"表达某种情感，主要是尊敬和爱的情感。

其中一个心态就是"敬"。"礼者，敬而已矣。"（《孝经·广要道章》）"敬"包括两个层面：一个层面是守护自己那种干净、高贵、文明的感觉，尊敬自己的文明本性而不丢掉；另一个层面是因为认识自己的高贵本性，从而能够认识别人的高贵本性，从而尊重别人。就是对于穷人，甚至是乞丐都要有尊重的心态，何况是对富贵的人呢？都要一视同仁地对待。"虽负贩者，必有尊心，而况富贵乎！"（《礼记·曲礼上》）心里面对好的东西有一种尊敬和敬畏的心，表现在外表就成了礼节。

另一个比较好的心态就是"爱"。自己内心充满爱，进而能够爱别人。"教民相爱，上下用情，礼之至也。"（《礼记·祭义》）"爱"和"情"本身就是"礼"的极点。

其四，礼节往往要通过身体的动作表现出来。游吉在论礼时说："故人之能自曲直以赴礼者，谓之成人。"（《左传》昭公二十五年）"礼"依托于身体，通过身体的姿态显示出来。人是一个有"礼"的生命。身体的本质就是身体的行为和各种仪态，这就是"礼"。人的动作，如打招呼、鞠躬、下跪等形式是表现某种心态的，因而属于礼。

其五，礼可以用具体的礼物来表现。甲骨文"豊"是"禮"的初字，人们认为是击鼓送玉的形象素描。金文的"豊"与甲骨文相似。小篆将鼓形割裂，变为"豆"字。在孔子看来，"礼"并不仅仅是"玉帛""钟鼓"，礼包含了比"玉帛""钟鼓"更多的内容。"礼"需要通过"器"表现出来。"器以藏礼。"（《左传·成公二年》）礼品是必要的，但要适度，而不能过度。礼品主要是表示对别人的关心和爱护的，是表示对人的尊敬的，是表示愿意与人分享快乐的。礼品往来不是为了利用别人，对人性的尊重是礼品往来的限度。

宣文君授经图

明代陈洪绶绘,描绘前秦王苻坚请宣文君传授礼乐的情景。宣文君是前秦韦逞的母亲,苻坚赐号宣文君

其六,"礼"表现为"仪"。"礼"包括"仪",但不同于"仪"。《左传》记载昭公二十五年游吉与赵简子有一个对话。游吉去见赵简子,赵简子向游吉请教揖让、周旋之礼。游吉回答说,这是仪式的问题,不是礼。"是仪也,非礼也。"(《左传》昭公二十五年)从游吉的话中可以看出,赵简子所问的"揖让、周旋之礼"是"仪"。《左传》昭公五年还曾记载叔齐认为鲁昭公注重赠贿的礼仪是"仪"而不是"礼"。仪式要有内容,有人性的内涵,有利于培养人的慈悲心,培养人的恭敬心。这样的仪式才是礼。烦琐、让人感到压抑,甚至激发人的贪欲的仪式不是礼。

其七,制定礼的根据是自然的规律性。"礼之象五行也,其义四时也。"(《大戴礼记·本命》)"礼"起源于对自然规律和秩序的模仿,礼是自然法,包含了一切仪式和祭祀。"礼"包含了人对自然韵律的体会,有尊重自然的意义,体现了人要和自然和谐相处的愿望。

其八,"礼"是为了让人际关系更和谐。《左传》强调"礼"为"国之本""国之干""政之舆""王之纪",认为"礼"有"经国家,定社稷,序民人,利后嗣"的巨大意义。"礼,政之舆也;政,身之守也。"(《左传·襄公二十一年》)"礼,国之干也。"(《左传·僖公十一年》)关于"礼"的哲学思考就是关于国体的思考。"礼"有区分与确定不同等级层次人们身份地位的作用。"君令、臣共,父慈、子孝,兄爱、弟敬,夫和妻柔,姑慈、妇听,礼也。"(《左传·昭公二十六年》)荀子也说礼是人群最大的纲纪。优良的礼乐文化能够合理地调整人与人之间的关系,让人感到生活有希望、安全、幸福。

其九,礼乐文化有理性和制度的内涵。"礼"不同于俗,"礼"有一定的条理,有具体的规范和要求。"礼"是合理的习惯,宋明理学把"礼"理解为"天理之自然","礼"就是"理"。"礼也者,

理也。"(《礼记》)

其十，礼和乐密切相关。声音起源于人的心灵，心灵怎样就有怎样的乐。"乐由中出，礼自外作。"（《礼记·乐记》）内心的爱表现为一种美感，表现为一种旋律，这是心灵的音乐，这个心灵的音乐表现在外边就是礼节。

小知识◎术士之儒

> 章太炎作《国故论衡》，有《原儒》一篇。其中认为"达名为儒。儒者，术士也"。凡是通晓天地人之道的人都可以称为儒。关于术士之儒，一般认为"儒"字就是"需"字演化来的。甲骨文中就有"需"字。可以从"需"字本身来把握儒者的奥秘。
>
> 《说文》："儒，柔也，术士之称。从人，需声。"为什么是柔软呢？胡适是从衣服上来说的，儒者的穿着让人感到柔弱。柔，其实是说人内心柔软，谦卑，不失去赤子之心。这样的人就是得道的人。
>
> 孺，有小孩的意思。儒者比较重视人伦关系、家庭关系，重视如何把小孩子教导成人。需，需要。从需要的角度来看，儒就是能够满足人性的全面需要，让人成人的人。

◎投壶游戏

> 投壶古礼，所谓投壶，是古代宴饮时的一种游戏。宾主各持六矢，轮流投于一特制的壶中，多中者胜，负者饮酒。

2. 儒家圣王与礼乐文化的形成

礼乐文化从形成到完善经历了一个漫长的过程，在这个过程中，儒家心目中的圣王起到了关键的作用。

其一，尧与礼乐文明的草创。儒家推崇的远古代表人物是尧、舜。传说中的尧、舜在中华礼乐文化的形成中起到了重要的作用。这种作用可以说是具有象征性和开创性的。而汤则是革新礼乐弊端，让其重新回到轨道上的代表。周公是系统化礼乐文化的代表。

尧，又叫作"放勋"。为什么叫作"放勋"呢？"放勋"是什么意思呢？有的说是尧的字，有的说是尧的名，有的说是尧的德性之一。

尧对儒家礼乐文化来说具有象征的意义。尧、舜象征着人具有善良的本性，并且可以扮演好自己的社会角色。孟子"言必称尧舜"（《孟子·滕文公上》），在他看来，尧是圣人，而人人皆可以为尧舜，也就是说人人可以成为圣人。

尧对礼乐文化形成的象征意义还在于他让社会更文明了。在尧的时代，天下还不太平，洪水横流，到处泛滥，草木遍地丛生，禽兽大量繁殖，庄稼没有收成，禽兽威逼人类，印满兽蹄鸟迹的道路遍布中原各地。在这种情况下,他任命四方和四时之官,分工明确,用仁政平治了天下。

尧对于礼乐文化来说,其意义在于让文明延续有一个体制和制度的保障。如他选择继承人,注重尚贤。尧把得不到舜当作自己最烦心的事情,尽了做君主的责任。"孟子曰:'规矩,方员之至也;圣人,人伦之至也。欲为君,尽君道;欲为臣,尽臣道。二者皆法尧舜而已矣。'"(《孟子·离娄上》)这种修养保证了礼乐文化的延续。

其二,汤与礼乐文明的变革。商汤对礼乐文化的贡献就是对夏朝破坏礼乐文明的发展倾向进行了遏制,让礼乐文明重新走上正常发展的轨道。史称"商汤革命"。

商汤
汤(?~前1588年),名履,又称天乙,舜人臣契的十四代孙,商朝的开国君主

"商汤革命"对儒家文化的意义就是对于伤害礼乐文化的制度进行革命。"商汤革命"从汤征讨葛开始。葛伯对土地山川没有敬畏之心,开始不祭祀山川。汤和葛是邻居,汤派人去问原因。葛借口说没有祭祀天地的牺牲。汤送去了牛羊,葛伯自己把这些牛羊杀了吃掉了,没有祭祀天地山川。汤听说后又派人去问,葛说因为缺少粮食。汤让自己领地内的老百姓帮助葛种地,葛伯却派人抢夺这些人的食物,甚至杀死了一个小孩。汤实在没有办法,

周公旦
周公旦,姓姬名旦,周文王第四子,因封于周(今陕西岐山)而被称为周公

开始征讨葛伯。孟子描述说老百姓盼望汤就像干旱时盼望下雨一样。在孟子看来,汤是以大事小的典型,"惟仁者能以大事小"(《孟子·梁惠王章句下》),也是以德服人的典型,"以德服人者,中心悦而诚服也"(《孟子·梁惠王章句下》)。古书把汤伐桀灭夏称作"汤武革命,顺乎天而应乎人"(《周易·革》)。"顺乎天"是说适应天命,"应乎人"是说得人心。

其三,周公与礼乐文明的系统化。据说周公制定了系统的礼。秦汉文化史上,周公绝对称得上是一位箭垛式的人物,除了摄政、东征的辉煌政治业绩之外,系于其名下的文化成果也颇多。马融、陆绩等以为《周易》之爻辞乃周公所作。

周公巩固了周室对全国统一的管理,奠定了周朝制度,让周王朝从一个蛮荒西陲的小小部落,演变成一个重礼乐典章制度的庞大王朝,成为后世儒家崇拜的"圣人"之一。

汤在乡间漫步
7世纪水彩画,描绘商朝创建者汤在乡间漫步,劝说捕鸟人将鸟放生的故事

小知识◎网开三面

汤在中华民族迈向文明的进程中还有一件值得称道的事情就是人道主义关怀。传说汤经常率领仲虺和伊尹出外巡视四周的农耕、畜牧。有一次汤走到郊外山林中,看见在一个树木茂盛的林子里,一个农夫正在张挂捕捉飞鸟的网,网是东南西北四面的。待网挂好后,这个农夫对天拜了几拜,然后跪在地上祷告说:"求上天保佑,网已挂好,愿天上飞下来的,地下跑出来的,从四方来的鸟兽都进入我的网中来。"汤听见了以后,非常感慨地说:"只有夏桀才能如此网尽矣!要是如此张网,就会完全都捉尽啊!这样做实在太残忍了。"就叫随从把张挂的网撤掉三面,只留下一面。商汤也跪下去对网祷告说:"天上飞的,地下走的,想往左跑的,就往左飞,想往右跑的,就往右飞,不听话的,就向网里钻吧!"这就是流传到后世的"网开三面""解网施仁"的成语故事。商汤不失为一位动物保护主义者。他不仅对动物有人道的关怀,对人更有人道的关怀。

3. 春秋以来礼崩乐坏的表现

《春秋》记事从公元前722年开始，至公元前481年结束。历史上通常将周平王东迁至公元前476年之间的历史时期称为"春秋"。这段时间基本上和《春秋》一书记事所跨时间差不多。这一时期，诸侯国的权力越来越大，周王朝越来越失去管理诸侯的能力，周礼的约束力下降了。孔子就是生在这一时期，他生于公元前551年，死于公元前479年。

早期儒学诞生和发展的背景是什么呢？就是礼崩乐坏。也就是说原来社会遵守的规则现在不被遵守了，甚至创造了新的规则，包括什么"潜规则"。这些新的规则破坏了原来的社会秩序。潜规则的盛行使得原来的规则变成了空洞不能落实的东西。从"礼废乐崩"的角度来解释儒学的诞生是历史上一个传统的套路。比如《史记》就说："周世既衰，诸侯恣行。仲尼悼礼废乐崩，追修经术，以达王道，匡乱世反之于正，见其文辞，为天下制仪法，垂《六艺》之统纪于后世。"（《太史公自序》）在孔子心目中，这是一个"无道"的世界。

不过，孔子并没有放弃让这个世界有"道"。他开始了周游列国宣传自己的主张的旅程。孔子周游列国是从鲁国出发，大致走了卫国、宋国、齐国、郑国、晋国、陈国、蔡国、楚国等地。大致路线是：曲阜—濮阳—长垣—商丘—夏邑—淮阳—周口—上蔡—罗山，然后原路返回。

孔子为什么这样费力地跑来跑去呢？就是为了宣传自己的理想。"仪封人请见。曰：'君子之至于斯也，吾未尝不得见也。'从者见之。出，曰：'二三子何患于丧乎？天下之无道也久矣，天将以夫子为木铎。'"（《论语·八佾》）木铎，木舌铜铃，施政时所用，有宣告法度的意思。知天命的人是天的木铎，天借助人来发布号令。仪，是卫国西南的一个城镇。孔子在鲁国失去了官位，在卫国也待不下去了，在过匡蒲前后，路过仪。这个地方的一个主管请求见孔子。随从就叫他见孔子。他告诉孔子的弟子说，你们不用担心没有官位，社会上没有人愿意接纳你们，你们动荡不安的生活正好是上天让你们传播天道啊！

当时礼崩乐坏的表现很多，从孔子的角度来看，包括如下一些方面。

其一，天下滔滔如洪水泛滥。在孔子的时代，礼乐的变化使得很多人对社会备感失望。一次，孔子让子路去问渡口，长沮、桀溺说："滔滔者天下皆是也，而谁以易之？"（《论语·微子》）子路认为君臣、父子这些人伦关系是人不能逃避的，隐居干什么呢？孔子则不置可否，想要见见这两位隐士。孔子基本上也是认同这个隐士的说法的，不过他出于对社会的责任不会像隐士那样去做罢了。天下乌鸦一般黑，社会的智者又能怎么办呢？礼乐的变化使得人缺乏一种安全感，心里充满了焦虑、紧张和不安。

其二，礼太物质化了，奢侈之风盛行。实物的馈赠活动在交往中具有十分重要的作用。但实物往来的活动如果过于频繁，有时也会使朋友间的关系出现货币化的现象。接受者和馈赠者彼此的情感关系被

子路问津

明代仇英绘。《论语·微子》记载，一天，子路与孔子驾车出游，遇河，孔子派子路问渡口，子路问一农夫，农夫反问驾车人是谁，子路答曰孔丘，农夫曰既是孔丘，他应知渡口所在

忽略，甚至扭曲。货币交往的原则是一手交钱、一手交货。当礼金完成了一个交易过程以后，上一笔礼金就不再发挥作用了。再办新的事情，需要新的资金投入。当一个社会，或者某件事情持续进入这个礼金往来的过程以后，腐败就变得难以避免了。"礼云，礼云，玉帛云乎哉？乐云，乐云。钟鼓云乎哉？"（《论语·阳货》）在孔子看来，"礼"并不仅仅是"玉帛""钟鼓"，礼包含了比"玉帛""钟鼓"更多的内容。

"非礼勿听"猴
福建厦门博物馆"闽台民俗"展厅"非礼四勿"猴之"非礼勿听"猴。"非礼勿听"出自《论语·颜渊》

人际交往中的礼品和人性是一场博弈。金钱代表的是社会的价值，而个人的尊严和性情代表的是个人的内在的带有个性特征的价值。如果礼品过度则会有要购买他人的感觉，必然让人感到不舒服，但适当的礼品则表示对人性的尊重。墨子曾经批评过儒者，说儒者把礼节弄得太复杂了，太形式化了，弄得人都不懂，让人眼花缭乱，无所适从。"夫繁饰礼乐以淫人。"（《墨子·非儒》）然后因为自己懂得复杂的礼节，从而维护自己的特权，靠别人不懂吃饭，所以对于自己懂的东西装神弄鬼，搞得很复杂、很神秘。"因人之野以为尊。"（《墨子·非儒》）

其实孔子是不赞同礼节太复杂和奢侈的。"林放问礼之本。子曰：'大哉问！礼，与其奢也，宁俭；丧，与其易也，宁戚。'"（《论语·八佾》）天下无道主要表现为君主或者上位者骄恣，上下无信，好色乱政，滥用权力，不遵守制度规定，不以礼待民。天下无道表现为"奢"（《论语·八佾》），不能"节用而爱人"（《论语·学而》）。

其三，不择手段追逐利益。在春秋时代，礼乐文化衰落的表现之一是人们忘记了人生的大义，一心去追逐利益，甚至不择手段追求利益。在孔子看来，"放于利而行，多怨"（《论语·里仁》）。"喻于利"是小人的表现（《论语·里仁》）。人过于追求利益，其结果只能导致彼此的怨恨。

孔子到处游走，宣传贫而无谄，富而不骄，以及贫而乐的道理。贫而无谄，富而不骄，这只是不受世俗价值观的影响。贫而乐，这是沉浸在自我价值的满足之中，显然后者更值得肯定。

其四，好色之风盛行。孔子曾经嘲讽当时的社会风气说："吾未见好德如好色者也。"（《论语·子罕》）好色，是对女性美的描述。在孔子看来，如果个人和社会的关系陷入了纯粹的功利性状态是危险的。"富"是金钱和实物财富的价值尺度。"贵"是社会关系，社会权力的价值尺度。"名"是流行的知识和观念系统形成的价值尺度的代表。"子曰：'不有祝鮀之佞，而有宋朝之美，难乎免于今之世矣！'"（《论语·雍也篇》）礼乐崩坏的一个表现是人喜欢所谓"美人"，却对伤害其他人视而不见。人们追求口才、美貌，按照这样的价值观来评价人，这是对人的一种伤害。

其五，巧言令色，是非淆乱。礼崩乐坏的另一个表现是人们更愿意耍嘴皮子。用孔子的话说就是"巧言令色"。就是言多行少。另外喜欢人云亦云，自己没有认真研究过，没有经历过那个情况，道听途说。

其六，追求成"器"而忘"道"，伤害生命。"南宫适问于孔子曰：'羿善射，奡荡舟，俱不得其死然；禹稷躬稼，而有天下。'夫子不答，南宫适出。子曰：'君子哉若人！尚德哉若人！'"（《论语·宪问》）"善射""荡舟"，会伤害自然界的生命，因而是"不仁"的、"无道"的。而"躬稼"，对土地没有伤害，反倒发挥了土地的最大价值，

俎豆礼容

出自明代《圣迹之图》,描绘孔子在母亲颜徵在的教育下,演习礼仪

退修诗书

出自明代《圣迹之图》。孔子看不惯鲁国礼崩乐坏的局面,不求做官,专心修诗书,订礼乐

麒麟玉书（局部）

出自明代《圣迹之图》，山东曲阜文管会藏。麒麟是传说中的仁兽，是吉祥的象征，能为人带来子嗣。相传孔子将生之夕，有麒麟吐玉书于其家，上写"水精之子孙，衰周而素王"，意谓他有帝王之德而未居其位。此虽伪说，实为"麒麟送子"之本，民间有"麒麟儿""麟儿"之美称

并能够满足自己和他人的生存需要，因而是"尚德"的。

其七，礼缺乏爱心的支持。仁有很多含义，其中一个含义就是爱人。"子曰：'人而不仁，如礼何？人而不仁，如乐何？'"（《论语·八佾》）礼是建立在爱人基础上的，如果没有了爱心，礼节就变成了纯粹的形式，缺乏实际的意义了。而且没有爱心的礼节往往还会约束人，让人不自在。在春秋的时代，礼越来越缺乏情感的基础，变成了一种烦琐的没有内涵的形式。

其八，对君臣之礼的僭越。过去一些礼制，曾经只适用于周天子，现在则成了诸侯国君的特权，并且，如果谁还对君主讲礼，人们就会认为是献媚君主。"殷因于夏礼，所损益可知也。……事君尽礼，人

在陈绝粮

出自明代《圣迹之图》。公元前 489 年,孔子在陈蔡间被困,绝粮七日,弟子饿馁皆病,孔子依然讲颂诗书,弦歌不止

适卫击磬

出自明代《圣迹之图》。孔子在卫国击磬时,门外有人担着竹篑路过,他在磬声中,听出孔子有救世救民的事业心,可惜,时不我与,岁月就这样逝去了

以为谄也。"(《论语·八佾》)就像过去只有接待外宾才能有高级的轿车,那么现在有钱的老百姓也可以买那个牌子的汽车了。这当然值得肯定,因为高级的物质可以为大众和平民享受了。但是孔子反对的不是这样子的情况,他反对的是有野心的那种。

孔子对现行社会等级的维护显然是从个人的人格修养的角度来讲的。一个人要修养好自己,显然要尊重现实社会的状况,不让人为难。"孔子曰:君子上不僭上,下不僭下。"(《礼记·杂记下》)就像管仲,饭具雕刻着花纹,大门前树立影壁,宫室雕刻成山形的斗拱,这让领导很为难;但要像晏婴那样太节俭,也会让下属为难。

其九,陷入革新和守旧两个极端。"有子曰:'礼之用,和为贵。先王之道斯为美,小大由之。有所不行,知和而和,不以礼节之,亦不可行也。'"(《论语·学而》)一种情况是刻板地遵守原来的礼节不改变,不管大的原则还是小的细节,都不改变,这样就会陷入保守主义。另外一种情况是发现过去的礼节不能遵守了,不再适合现在新的情况,只一味地强调变通,把原则和传统全都丢掉了,这样也是不行的。

孔子强调后代人对前代"礼"的"损益"。"子曰:'殷因于夏礼,所损益可知也;周因于殷礼,所损益,可知也;其或继周者,虽百世可知也。'"(《论语·为政》)孔子很强调靠理性分析获得关于历史上"礼"的恰当知识,因为这是取舍"礼"的不可缺少的过程。"子曰:'夏礼,吾能言之,杞不足征也;殷礼,吾能言之,宋不足征也。文献不足故也,足则吾能征之矣。'"(《论语·八佾》)

小知识◎八佾

"孔子谓季氏,'八佾舞于庭,是可忍也,孰不可忍也?'"(《论语·八佾》)一行是一佾,每佾八个人。"八佾舞"系古代帝王祭祀天地、祖先,及朝贺、宴享等大典所用的乐舞,"八佾舞"被儒家奉之为最高典范,认为它的音乐"中正和平",歌词"典雅纯正",历代帝王取得政权后,都循例制礼作乐,歌颂本朝功德。诸侯用六佾,大夫用四佾。季平子是大夫却用了八佾,显然是违礼的行为。这里面当然可以认为孔子是为了维护天子、诸侯、大夫之间的等级制度,但也不仅仅如此。因为不同的"礼"有着更为深刻的内涵,并且要和人的品行、心情相应才好。如果不相应对人可能会带来不好的结果。

二 学术下于私人：孔子开私学之风

孔子面对礼崩乐坏的社会环境，进行了多方面的努力。一个是培养人才，一个是经典的整理，一个是从政和宣传自己的政治主张。其中教书育人是他一生的核心。

俗话说：活到老，学到老。学习对人的一生很重要。学习能让人看到自己的不足，改正自己的缺点，让人增长信心，从而感到有成就，感到快乐。如果恰逢那个时代有好的老师，社会推崇教育和

至圣文宣王孔子像
1307年9月,刚即位不久的元武宗海山玺书加封孔子为"大成至圣文宣王",这一举措对元帝国继承尊孔崇儒的传统具有积极意义

学习,人与人之间可以充分交流自己的想法,共享幸福,那一定是一个让人感到快乐的时代。孔子就说:"学而时习之,不亦说乎?有朋自远方来,不亦乐乎?"(《论语·学而》)这句话不正是对孔子和弟子生活的一种写照吗?孔子和他的弟子,在一起终日讲学讨论,有自己的理想和追求,其乐融融,过着快乐幸福的生活。

为什么他们的学习生活是这样的快乐幸福呢?就是因为他们学习的目的不一样。他们讲习讨论的是如何成为君子和圣人,而不是赚钱、当官一类的事情。即便讨论到这些,也不是他们讲习讨论的核心目的。就是因为老师和学生之间的关系不一样,老师靠品格的吸引力和学识来凝聚人心,而不是依靠权势和财富。就是因为,孔子和学生讲习讨论的是私学,没有太多的条条框框,是建立在学生自愿学习基础上的。就是因为孔子收徒弟没有歧视,不会看人有钱没钱,也不会看是否有权势。就是因为孔子在教学过程中注重启发和诱导,让学生自我教育和自我进步。

1. "君"与"师"

孔子开创的儒学是私学,不是官府主宰的教学。这种教学活动之所以能够开展,完全是基于师生之间有某种共同的理想和某种共同的追求。

对于现在的中国人,最熟悉的事物一定包括学校。从幼儿园到中学和大学,还有很多私人的教育和培训机构,可谓是随处可见。孔子所处的时代,学校的情况怎样呢?总体上看就是"学在官府"。后来韩非还提出过"以吏为师",强调官员和老师身份合一,估计就是要回到"学在官府"的一种努力。

按照冯友兰等人的说法,周朝前期的社会制度,官与师不分。某个政府部门的官吏,也同时就是与这个部门有关的一门学术的传授者。任何一门学术都没有人以私人身份讲授。只有官吏以某一政府部门成员的身份才能够讲授这门学术。

有教授经典和指导礼乐的专家,他们名为"儒"。也有战争武艺专家,他们是"侠",即武士。有说话艺术专家,他们被称为"辩者"。有巫医、卜筮、占星、术数的专家,他们被称为"方士"。还有可以

韩非
韩非(约前280～前233年),战国末期著名哲学家、思想家、政论家和散文家,法家思想的集大成者

充当封建统治者私人顾问的实际政治家,他们被称为"法术之士"。最后,还有些人,很有学问和天才,但是深受当时政治动乱之苦,就退出人类社会,躲进自然天地,他们被称为"隐者"。冯友兰先生说,墨家者流盖出于武士,道家者流盖出于隐者,名家者流盖出于辩者,阴阳家者流盖出于方士,法家者流盖出于法术之士。

不过,这个过程估计不是一下子完成的,中间可能经历了官员和老师的一定的区分,以及教学从面向贵族子弟到面向普通老百姓的转变。

一种情况可能是没有专门的老师这一身份,官员本身就是老师,官员和老师不分。

另一种情况是有老师这样一个身份,但是老师同时是官派的,或者是由官府管理的,本身也是官,按照官的要求来管理,是"准公务员"。这样的老师是官办的教师,是有官员身份、履行教人工作的官。

最后的一种情况是老师是私人老师,教的学生也是平民,教学活动不受官员约束,也不属于官僚系统。孔子就是这样的老师。

孟子曾经介绍了夏商周三代学校教育的情况。"设为庠序学校以教之；庠者养也，校者教也，序者射也；夏曰校，殷曰序，周曰庠，学则三代共之：皆所以明人伦也。"（《孟子·滕文公上》）庠，是教养的意思；校，是教导的意思；序，是陈列的意思。孟子指出三代的教育机构的名称，并认为这些学校都是教人伦道理的。但在孟子这里，没有明确说明当时教育和学校的情况。

《礼记·学记》记载了官员和老师相区分的情况。"古之教者，家有塾，党有庠，术有序，国有学。"（《礼记·学记》）郑玄注解说，古代做官退休的贵族回到家乡，就在家乡做教育工作，他朝夕坐在门口，门房房间就是学生读书的地方。学生是有地位的人家的子弟。这显然已经有发展起来私人教育的萌芽了。500家为一党，党中有庠；12500家为一遂，遂中有序，国都中有学。

《礼记·学记》中已经有君和师相区分的思想了，"当其为师则弗臣也"（《礼记·学记》）。老百姓怎样才能尊敬学习的价值呢？《礼记·学记》认为要"严师"，然后让"道"获得尊严，而要让"道"获得尊严关键就是老师的地位和身份要有保障，老师不能成为官本位的牺牲品，老师有自己独立的地位和价值。师道的价值还体现在成为一个好官的前提是成为一个好老师。"故师也者，所以学为君也。"（《礼记·学记》）

鲁昭公十年的时候，孔子大约20岁，他在季氏那里做了个委吏，管保管、会计和出纳；后来又当过"乘田"，也就是主管牛羊放养的官。

在那之后，大约30岁到35岁期间，孔子开始收徒弟讲学，其中有颜由和子路。在37到50岁时开始修《诗》《书》《礼》《乐》，颜回、子贡、冉求、仲弓这个时候成为弟子。68岁后六经成为定型教材，并招收了子夏、子张、曾参等弟子。

职司乘田
出自明代《圣迹之图》。孔子21岁改做乘田,管理牛羊畜牧,牛羊茁壮

小知识◎圣门四科

圣门四科:德行、言语、政事、文学。各科的优秀弟子:德行科有颜渊、闵子骞、冉伯牛、仲弓,言语科有宰我、子贡,政事科有冉有、季路,文学科有子夏、子游。

2. 孔子教谁：有教无类

孔子能够开创自己的儒学事业，也是因为孔子没有先入为主的成见，没有太多的等级观念，心胸开阔，对不同出身的学生，不同性格、不同习惯的学生都能容得下，大家也都喜欢自己的老师。

这当然不是说孔子没有师道尊严。师道尊严是建立在老师"道"的基础上的。因为孔子有"道"，所以他受人尊敬。至于外表的礼仪方面的尊重只不过是一个形式上的东西罢了！

孔子倡导"有教无类"（《论语·卫灵公》）。什么叫作"有教无类"呢？就是只要你想学，就不会设定标准。比如贵贱的标准，不分你是农民还是工人，还是其他什么身份的人。仲弓的爸爸就是"贱人"。当然也不会分有钱没钱，有学费还是没有学费。"子曰：'自行束脩以上，吾未尝无诲焉。'"（《论语·述而》）"束脩"，十条在一起的一束干肉。这可能是形象的说法，意思是你自己拿点吃的来，就可以入学了。至于是老师享受还是作为学生自己的口粮不得而知。估计后者可能性是很大的。孔子的学生中有很多的穷人，像闵子骞，就以芦苇花当棉絮用，应该是比较穷的人。

孔子收徒弟是否分男女就不好说了。"子曰：'唯女子与小人为难养也，近之则不孙，远之则怨。'"（《论语·阳货》）不过这里的"女子"中的"女"可能是"汝"，说的是孔子的弟子。孔子也可能不收女学生，或许当时女学生少，另外在一个男性群体里面也不方便。

但是一点标准也没有吗？有，就是"有教"，一个老师最想要的就是有人喜欢学习，想要学习，真心要学习。孔子就是这样的老师。这个或许就是孔子收徒弟的标准。

3. 孔子用什么方法教：起、发、诱、诲

孔子教人，善于运用启迪和诱导的方法，让你去思考，然后自己决定自己该怎么办。梁启超曾经说过："孔子之所以为孔子正以其思想之自由也。"

在众多的弟子当中，孔子最喜欢颜回，颜回也最能理解自己的老师。有一次颜回从内心深处感恩自己的老师孔子，说自己的老师："仰之弥高，钻之弥坚，瞻之在前，忽焉在后！"（《论语·子罕》）在颜回的心目当中，孔子人格很完美，有吸引力和凝聚力，学问大，智慧超群，会办事，是一个光辉高大的形象。无论自己如何想了解和参透老师，都很困难，老师就像有一层保护力似的。在颜回心目中，孔子是一个很灵活的人。另外，颜渊最感叹的是孔子对自我智慧的启迪，从而使得自己拥有了内在的智慧判断力和对善的价值追求，并很好地约束自我。这种智慧的启迪，好像把颜渊的人性价值全部挖掘出来了，并实现了自我的卓然而立。从这段话可以看出，孔子不但自己通过"志于学"，获得了"立"，而且通过自己的智慧自觉能够诱导弟子获得类似的智慧自觉。

颜回画像
海南文昌市文城镇文东里20号文昌孔庙中有此画像。颜回（前521～前490年），字子渊，春秋时期鲁国人

"子曰：'吾与回言终日，不违如愚。退而省其私，亦足以发。回也不愚。'"（《论语·为政》）孔子在和颜回谈话的过程中，颜回始终是呆呆的样子，老师说什么，他听什么，好像没什么智慧的样子。等到剩下他自己的时候，颜回就表现出智慧来了。这说明孔子启发教学的效果是长远的，也是稳定的，是可以深入到生命深层次的，也是可以终生受用的。

"子曰：'不愤不启，不悱不发；举一隅不以三隅反，则不复也。'"（《论语·述而》）启发的前提是被启发者心灵的自觉，是心灵对觉悟的追求。当这个追求发展到一定程度的时候，启发者的启发就发挥作用了。孔子是一个很懂得抓住弟子悟性发展的时机进行教育的好老师。

4. 孔子要把人教成什么样？

学习和教学是为了什么目的呢？就今日来说，无非是为了金钱、权力等目的。或者是为了扮演好自己的社会角色，成一个好丈夫、好妻子、好父亲、好儿子、好官员、好农民、好工人等。

孔子教人是为了让人成为一个自我完善的人，成为有道德、有修养、有智慧的人。就是要让人成为君子，成为仁者，成为圣人。学习与教育都与人格的完善有关，其归本于人性的完善。在《论语》中，孔子提供了不同的人格层次，包括民、小人、君子、士、圣人等。

君子和圣人有很多方面的表现。其中一个方面是成为全面发展的人。"子谓子夏曰：'女为君子儒，无为小人儒。'"（《论语·雍也》）"君子儒"指的是什么呢？这要看《论语》中孔子对君子人格的限定。"子曰：君子不器。"（《论语·为政》）"器"只是一种工具，君子不把自己降到工具性的器具的地位上。比如如果学习的全部目的是赚钱，那么自己就有可能成了赚钱的工具。学习本身就是目的，如果说还有什么目的的话，这个目的就是自我完善。"君子儒"就是不把自己的活动和技艺限定在世俗的功利性目的上的人。君子不把自己降到器具

圣迹之图
明代木版画，描绘孔子"命弟子持雨具，已而果雨"的情形

的意义上，而是要成为一个具有内在生命领悟能力的人，成为一个全面发展的人，成为一个自由的人。

孔子有全面的才能，他也希望学生掌握一门技术，但是他不希望学生陷在里面，而忘记了自己的道德修养。虽然《论语·子罕》说孔子"多能鄙事"，但当樊迟要学种地的时候，孔子认为应该学习如何让自己觉悟才对。"樊迟请学稼。子曰：'吾不如老农。'请学为圃。曰：'吾不如老圃。'樊迟出，子曰：'小人哉，樊须也！'"（《论语·子路》）

孔子的态度曾经引起了子路的质疑。《先进》记载子路说过"有民人焉，有社稷焉，何必读书，然后为学"这样一句话。子路认为政治是很重要的，也要学习。易白沙在《孔子评议》中说："孔子但重作官，不重谋食，易入民贼牢笼。"孔子不是一个一心从政的政治人物,当然也不反对种地、读书、从政。孔子反对忘记了人生的根本目的是自我修养,是自我人格的完善,是人性的觉悟,是求道。《论语·卫灵公》记载孔子说:"君子谋道不谋食。耕也,馁在其中矣;学也,禄在其中矣。君子忧道不忧贫。"(《论语·卫灵公》)要谋道,要忧自己没有得道。这才是孔子所关注的。

5. 理想的师生关系是怎样的？

一个学术团体的形成有很多的机缘和因素，比如社会需要，比如对权力的追求或者利益的追求，或者单纯是学术的理想使然。"学霸"也可以形成一个学术团体，但"学霸"形成团体靠的是权力，靠的是地位，靠的是金钱，靠的是人脉。因为有了这些所谓的"资源"，就有人愿意追随，爱护老师也好，维护老师的思想也好，实际上是维护利益集团，是维护权力、地位和金钱。

《庄子·山木》记载孔子问子桑雽，说："吾再逐于鲁，伐树于宋，削迹于卫，穷于商周，围于陈蔡之间。吾犯此数患，亲交益疏，徒友益散，何与？"也就是我自己经常遭受厄运，没有人愿意跟随我了，为什么呢？子桑雽认为是因为老师和弟子的关系是以利相合，而不是建立在"天"的基础上，所以就会出现这种情况。"且君子之交淡若水，小人之交甘若醴。君子淡以亲，小人甘以绝，彼无故以合者，则无故以离。"也就是说，因为利益原因形成的团体不稳固，也会因为利益的原因闹矛盾，最后分崩离析。

易白沙在《孔子评议》中说："孔子讲学不许问难，易演变成思想专制之弊。"他又说"孔子少绝对之主张,易为人所借口"。孔子既然少绝对的主张,自然就不会搞思想专制。其实孔子和学生的关系是平等的,孔子非常爱护学生,也非常尊重学生。他们的关系并不像后来那样仅仅是一个高不可攀的膜拜对象。

这一点,可以从孔子和颜回的关系看出来。颜回,鲁国人,字子渊。比孔子小30岁。29岁头发就白了,很早就死了(《史记·仲尼弟子列传》)。学生对老师的爱护是真心的,是真诚的,而不是建立在老师可以提供什么好处的基础上的。"子畏于匡,颜渊后。子曰:'吾以女为死矣。'曰:'子在,回何敢死?'"(《论语·先进》)孔子在匡地遇到困难的时候,颜回落后了,孔子以为颜回遇难了。颜回说:老师还在,我怎么能死呢?颜回爱师、护道之心可见一斑。

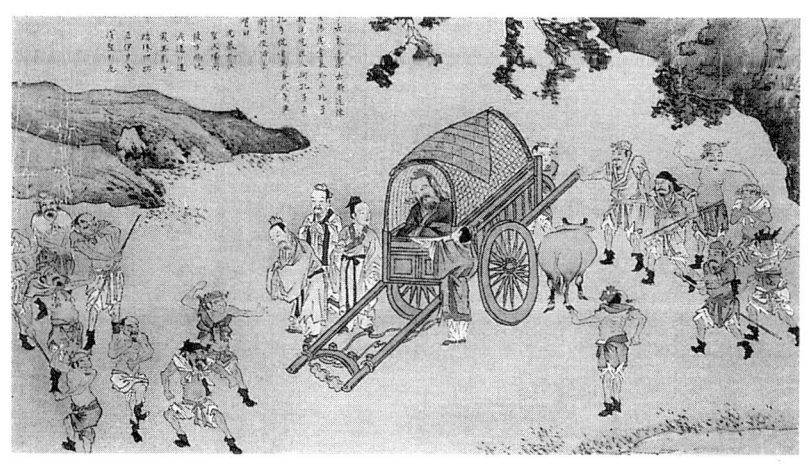

去卫适陈
出自明代《圣迹之图》。公元前497年,孔子于十月去卫适陈。路过匡地(今河南省长垣县境)蒲境时,匡人误认孔子为阳虎,围困了孔子

颜渊对待孔子像父亲一样，但其人格之高贵使得孔子不敢以儿子对待之。"颜渊死，门人欲厚葬之，子曰：'不可。'门人厚葬之。子曰：'回也，视予犹父也，予不得视犹子也。非我也，夫二三子也。'"（《论语·先进》）颜回死了，孔子说颜回对待我像对待父亲一样。就像现在人们常说的：一日为师终身为父。但是孔子也说，我不能把颜回当成儿子，因为颜回很有思想，精神境界很高，孔子很尊重他。

三圣图

元代赵孟頫作。中为孔子，左是颜回，右是曾参。三人衣纹墨线上书有蝇头小楷，为半部《论语》

颜回时时追随孔子，所以庄子说："夫子步亦步，夫子趋亦趋。"（《庄子·田子方》）颜回和孔子之间关系是孔门师生关系的一个缩影。孔子说："自吾有回，门人益亲。"（《史记·仲尼弟子列传》）也就是说，颜回成为孔子的弟子以后，弟子们的向心力和凝聚力更强了。

孔子培养了大量懂得礼乐文化的人才，对礼乐文明的延续和发展起到了决定性的作用，延续了中华民族的人文命脉，并且提高到了一个新的人文境界。

三 孔子之儒学：六艺之学

孔子对中华礼乐文明的延续和提升起到的关键作用，还表现在他对古代礼乐文化经典的整理方面。孔子整理的"六经"成为儒家的经典。王夫之曾于湖南衡阳湘西草堂自提"六经责我开生面，七尺从天乞活埋"。朱熹也说过："天不生仲尼，万古如长夜。"孔子对历史的贡献集中体现在对"六经"的整理之中。

1. 孔子以六艺教学

章太炎说有类名之儒。这种儒就是知道礼、乐、射、御、书、数的。

《天官》说:"儒以道得民。"诸侯保氏用六艺来教导民众。乡里面用六艺教人的叫作"联师儒"。

类名之儒之后就是私名之儒,专门指代孔子创立的儒学。大约孔子最初就是学习礼、乐、射、御、书、数的。后来则整理了"六经"。"六经"就是《诗》《书》《礼》《乐》《易》《春秋》。

熊十力把孔子学说分成50岁以前和50岁以后,50岁以前崇尚小康礼教,为小康学派。50岁以后"其弟子宗其晚年六经之学,而不从其早年旧说者,遂成大道学派"。大道学派是尊重"六经"的。

2. 礼学

孔子很小就对礼发生了浓厚的兴趣。《史记·孔子世家》说:"孔子为儿嬉戏,常陈俎豆,设礼容。"孔子做礼的游戏,把祭祀用的东西摆弄着,按照大人那样行礼。成年以后孔子整理了古代的礼节,并编辑成书。礼学经典包括《周礼》《仪礼》《礼记》。

这些礼学经典内容丰富,《周礼·春官·大宗伯》把礼分为:吉礼、凶礼、军礼、宾礼、嘉礼。

吉礼,显然就是能够让人获得吉祥的礼节。那么在古人看来,哪些事物能够给人带来吉祥呢?首先是天上的北极星,然后是太阳和月亮,然后是其他一些星星。地上的事物就是名山大川。

凶礼主要包括丧礼和荒礼两大类。荒礼主要处理天灾方面事情的时候要守护的礼节。军礼涉及军队的组建、管理,离不开礼的原则。宾礼是天子、诸侯接待宾客的礼仪。嘉礼是饮食、婚冠、宾射、宴飨、贺庆之礼的总称。

孔子礼学思想丰富,他有丰富的古代礼节的知识。鲁国宗室公仪仲子嫡子死了,立庶子,子游请教是否合礼。孟孙氏的宗室子服景伯认为合乎古人之道，因为文王没有立伯邑考而立了武王，微子启立了弟弟衍，而没有立嫡长孙腯。孔子认为周代的制度是立孙子。

孔子对违背礼节的行为很气愤。鲁国有人为父母服丧期满后，早上举行了除丧的祭礼，脱掉了丧服，晚上就唱起歌来了。孔子说："又多乎哉？愈月则其善也。"（《礼记·檀弓上》）现在的人，一边送终，一边喝酒，吃吃喝喝，好像很快就忘记了先人，不认真思考如何面对生死问题，沉迷在世俗的享乐之中。据说有一个人想要找明师，但是不知道如何才能找到。另一个人告诉他，只要你到葬礼上去就好了。看看谁头上有光圈，那个人就是明师。结果要找明师的这个人看到所有参加葬礼的人头上都有光圈，回来说没有找到。后来那个人说，等大家吃喝玩乐的时候再看，结果发现只有一个人头上有光圈。

关于礼乐崩坏，孔子是什么态度呢？孔子当然是很气愤，不过不像想象的那样，他真的那么担心礼乐的崩坏。孔子并没有抱着很功利的很短视的态度面对这一问题。《孔丛子》中记载孔子到东周拜访精通音律的大夫苌弘。苌弘对周卿士刘文公说，我看孔子长得像个圣人，眼眶像河一样平直，额头高高的，像黄帝的长相。背部像乌龟，胳膊很长，个子高高的，长得又像商朝的开国君主商汤。他对过去的事情了解得很透彻，又很谦让，有礼貌，记忆力超好，喜欢研究新事物，好像有无穷的精力似的。大概圣人要兴盛起来了吧。"苌弘曰：'尧舜文武之道或驰或坠，礼乐崩丧，亦正其统纪而已矣。'既而夫子闻之，曰：'吾岂敢哉，亦好礼乐者也！'"另外，孔子对于礼本身也是希望有所减损的。孔子曾经赞赏了子路懂得祭祖的礼节，因为子路"质明而始行事，晏朝而彻"，也就是在白天就把事情做好了，到了天黑就让人休息了。

小知识◎孔子修墓

  孔子将父母的灵柩合葬在防以后，因为自己奔走四方，担心以后没有坟头找不着印迹，就打算做个坟头。但没等工作完成，孔子先回家了，后来就下起大雨来。弟子回来得很晚，孔子问道：你们怎么回来得这么晚呢？弟子说是为了防止坟头崩了。孔子泪流雨下，说：我听说古时候不在墓坑上修坟头啊？（"孔子先反，门人后。雨甚至。孔子问焉，曰：'尔来何迟也？'曰：'防墓崩。'孔子不应。三，孔子泫然流涕，曰：'吾闻之，古不修墓。'"（《礼记·檀弓上》）孔子对自然现象是敏感的，一般人遇到这种情况会认为这是一个自然现象，不会和违背礼节联系起来。在孔子的心目中，下雨其实是上天爱护他的一个表现，是不让他做出违背礼节的事情，所以下雨让他无法做坟头。下雨就是要提醒人，违背礼节是不可以的。

3. 乐学

孔子有很深的音乐造诣，能唱歌，也能写歌词，会弹奏乐器。"孔子与人歌而善，必使反之，而后和之。"（《论语·述而》）孔子好学，当然看到别人歌唱得好，就会请别人再唱一遍，自己也跟着学。孔子不会因为自己不会而害羞，因为他是一个真实而又谦虚好学的人。

歌声能够表达感情，也能表达思想。用歌声表达思想不同于用写作或者言说，用歌声表达思想因为有韵律，更能打动别人的内心，吸引别人的注意力，从而让别人认真去思索歌词中的意思。另外，用歌声表达劝诫，不容易让对方生气，能够缓解紧张对立的情绪，从而达到交流思想的目的。齐国给鲁国大司寇并代理相事的季桓子一些能歌善舞的女子，这位大官开始在家里面"办公"了，几天都不理朝政，老百姓的事儿他不管了。孔子看了很失望，就离开了鲁国。在孔子快要离开鲁国的时候，季桓子派乐官师来送行。孔子用歌声表达了他对这一行为的看法。这首歌的歌词就是："彼妇之口，可以出走。彼妇之诣，可以死败。盖优哉游哉，维以卒岁。"（《史记·孔子世家》）歌声有软化邪恶之心的功能，自然能够实现和谐，创造祥和的气氛。《说苑·杂言》说，孔子到宋国去，在经过卫的匡地时，匡简子要杀阳虎，因为孔子长得像阳虎，结果孔子被围了。子路要和对方硬打，孔子"引琴而歌，音曲甚哀"。结果那些包围的人就撤了。或许是他们从歌声听出来不是阳虎，而是孔子吧！

人们总是觉得有好嗓子才能唱歌，其实不是这样的。有真情实感，对事情看得开，就能唱歌。因为心情快乐，有轻松对待生活的态度才能有心情唱歌。

《礼记·乐记》中说："乐者乐也，君子乐得其道，小人乐得其欲。以道制欲则乐不乱，以欲忘道则惑而不乐。"乐学的根本是对生活有一种乐观豁达的态度，有审美的态度。《庄子·山木》记载，孔子被困在陈蔡的时候，一周不生火做饭。孔子还很悠然自得地用手敲打着树枝，口中唱着神农时代的歌谣。"子在齐闻《韶》，三月不知肉味。曰：'不图为乐之至于斯也！'"（《论语·述而》）音乐可以减少人对这个世界的执着，可以减少人对物质对象的需求，从而避免为了物质利益而争斗。

与歌声一样，音乐能够反映出人的心情和道德修为。"乐云乐云！钟鼓云乎哉？"（《阳货》）音乐并不仅仅是乐器，实际上是心声的外部表现。孔子在卫国的时候，卫灵公不用孔子，孔子有些失落，在击磬的时候被一个隐士听到了。他从孔子的击磬的声音中听这是一个"有心者"，是一个很固执的人，不知道变通，好像在说："没有人知道我啊！"

西汉刘向《说苑》里记载一段故事：孔子曾经碰到一个小孩。"其视精，其心正，其行端。孔子曰：'趣驱之，趣驱之，韶乐将作。'"孔子把这个婴儿的心灵比作韶乐。"子谓《韶》，'尽美矣，又尽善也'。谓《武》，'尽美矣，未尽善也'。"（《论语·八佾》）因为舜的天子之位是通过尧的禅让而来的,因而乐曲美而善;而周武王是通过武力得到的,所以未尽善。

孔子用同样的方法教育学生。《说苑·修文》《孔子家语·辩乐》都有这样的记载。子路一次在弹琴的时候,"有北鄙之声"。孔子听到以后说:"信矣,由之不才也!"为什么孔子这么说呢?其实孔子是用音乐来教育子路要去掉杀伐之心,因为"北者,杀伐之域"。

孔子曾经告诉颜回,"放郑声,郑声淫"。他说:"恶郑声之乱雅乐也。"(《阳货》)郑国的音乐充满了欲望之念。有这样一种音乐,听了这样的音乐常常让人想起名利,想要去竞争名利;听了这样的音乐常常让人起色心;听了这样的音乐会让人起竞争之心。这样的音乐对人格是有一定伤害的。所以孔子告诉颜回要提防这样的音乐。

孔子也借助音乐来教育子张。《孔子家语》记载:"子张问圣人之所以教。"孔子认为靠的是礼乐。什么叫作"乐"呢?"行而可乐,乐也。"乐的精髓是内心的快乐,是行为的快乐,音乐只不过是内心快乐和做事快乐的表现罢了。所以音乐要表现人性,表现人的心情,舒缓心灵的压力,表达快乐的心情,陶冶情操。孔子曾经说过,到一个国家就会看出那里的教化情况怎么样。因为"广博易良,乐教也"。"广博易良而不奢,则深于乐者也。"心胸宽广,平易善良是乐教的原因。好的音乐可以让人把注意力引到审美上来,从而不再把注意力放在贪恋世俗功名利禄上面。这有助于让人的心胸开阔,从而培养一种厚重的人格。

《淮南子·缪称》记载,孔子的学生闵子骞,三年守丧结束了,拿起琴来弹奏,"其弦是也,其声切切而哀"。孔子评价他是君子。

《孔子家语·六本》记载孔子的弟子子夏在三年的服丧期结束后,来见孔子。孔子让子夏弹琴。子夏和颜悦色地弹奏起来,孔子也评价其为君子。为什么两个人的表现不一样,却都被评价为君子呢?原因就在于闵子骞虽然还有哀情,但是能够放下哀情,遵守三年守丧的礼节规定,这是一个君子的表现。子夏的哀情已经断了,也是能够遵守三年的规定,两人是一样的。

4. 书学

《尚书》是中国现存最古老的按照时间顺序记言的书。"尚",有上古之意,或帝王之意,上所为,下所书,也有尊重和可靠的意味。

孔子和七十二贤塑像
在山东曲阜孔子六艺城书厅内设有孔子杏坛设教的场景,在高大的杏坛讲台上,以 1:1 的比例塑造了孔子行教像和七十二弟子的塑像

"书"有记录和结集的意思。先秦只称《书》，汉代列为儒家"五经"之一，称《书经》《尚书》较为普遍。《尚书》的内容分为《虞夏书》《商书》《周书》三大部分。

孔子用《尚书》来教导学生学习从政，表达自己的政治思想。孔子在论《尚书》大义的时候，提到了如下几个方面："圣""忠勤功勋""德""美""事""政""度"。从政要努力按照圣王的标准来要求自己，要勤奋，创造政绩功业，要完善自己的品德，制定好大政方针，并做好具体的事物。

孔子在解释《尚书》的时候很看重圣王的作用。"曩者师闻诸夫子曰：'圣人在上，君子在位，则内无怨女，外无旷夫。'"（《孔丛子·论书》）圣王的作用能够让

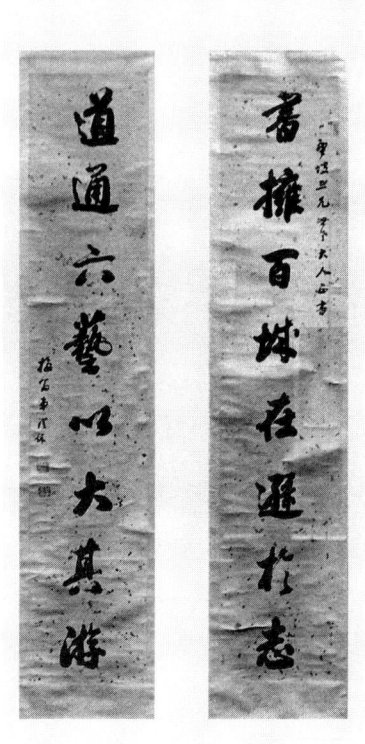

铁保行书对联
联文：书拥百城在逊于志，道通六艺以大其游。清代书法家铁保（1752～1824年）书。北京首都博物馆藏

人伦和谐美满，都成家立业。但是如何理解舜30岁了还没有结婚呢？孔子认为是因为父母不给张罗的原因。因为当时的礼节是要父母给孩子张罗婚姻的事情。这里孔子似乎是在强调圣王的政治作用不仅仅是直接的，还需要通过家庭这一环节，通过古今通行的礼节"通义"来实现。

5. 易学

打开一本现代人编排的叫作《易经》或者叫作《周易》的书，里面一般会包括两部分的内容。其中一个部分的内容是《易经》，另一个部分的内容是《易传》。

《易经》内容的基本单位是卦，相当于篇或章。《周易》整部书共由64卦构成。每一个卦又由五个部分构成，一个是卦名，一个是卦画，一个是卦辞，一个是爻题，一个是爻辞。

孔子说过："加我数年，五十以学《易》，可以无大过矣。"(《论语·述而》)孔子认为《易经》的道理是很伟大的，是圣人用来"崇德""广业"的。"崇德"相当于"功德"，"广业"相当于"福报"。什么是"崇德"，什么是"广业"呢？这就像存钱，存世界通用的货币就是"崇德"，存在某个国家和地区才能用钱就是"广业"。"广业"是建立在这个世界的功绩，"崇德"是提高自身的道德品质，是提高自己的精神境界。

孔子就是从这两个方面来利用《易经》教育学生的。孔子认为卦象和卦辞都是用来表示圣人之意的。比如孔子是这样解释如下这段话的："鸣鹤在阴，其子和之；我有好爵，吾与尔靡之。""君子居其室，

太极八卦图
太极八卦图，八卦为乾、坤、震、巽、坎、离、艮、兑

出其言善，则千里之外应之，况其迩者乎？居其室，出其言不善则千里之外违之，况其迩者乎？言出乎身，加乎民；行发乎迩，见乎远。言行，君子之枢机，枢机之发，荣辱之主也。言行，君子之所以动天地也，可不慎乎？"（《易传·系辞》）就是说君子心里面的想法和言行在远处和近处都会有回应，所以要注意自己的想法。君子的言行能够影响的范围有多大呢？在孔子看来是很大的，可以是"千里之外"，可以"动天地"。言行的影响这样大，自然要谨慎。

6.《春秋》学

据说《春秋》为孔子所作。孔子通过《春秋》教导人们什么呢？这是一件有争议的事情。原因就是《春秋》并没有直接表达什么思想，只是记载了一些历史事件。但记载什么历史，如何记载本身就包含着孔子自己的想法。可以说每天发生的事情太多了，报道什么不报道什么肯定不一样。但因为没有明说，可以引申出来的意思就会很多。

比如报道说某某地方发生了一起车祸。那么这个报道要说的是什么呢？可以是司机饮酒导致的，所以这个报道的意思就是提醒人们不要酒驾；可以是天气不好导致的，那么要提醒人们注意天气变化，根据天气变化做好防护的工作；可以是因为某某品牌的汽车质量有问题，那么这个新闻就是告诉人们要提高汽车的质量。

另外，用什么样的字和词语也会影响意思的表达。语气也是很重要的。就像我们平时说话，如果语气不一样，就会有讽刺或者赞美的意义。因为上面的这些原因对于《春秋》的解释就出现了不同的派别，有《春秋公羊传》，有《春秋穀梁传》，有《春秋左传》。

康有为认为孔子写《春秋》就是托古改制，也就是借着讲述事实来表达关于制度的设想。

他认为《春秋》比较多地谈到了改制的问题。《春秋》发明改制，《春秋》为孔子改制之书。孔子改变制度的基本精神是什么呢？在康有为看来就是对当时在位有权力、有威望、有势力的人进行赞美和批评，有褒有贬。另外，在康有为看来，孔子是要"废君统，倡民主，变不平等为平等"的。

《春秋》的确包含很多思想，以《春秋公羊传》为例，看看孔子借助《春秋》倡导的内容。"元年，春，王正月。"元年就是一个新君主开端的第一年。春是一年的开始。王，指周文王。为什么王在前，而正月在后呢？强调这是周文王时才行的历法中的正月，这是强调大一统的意思。一个新君的第一年，为什么不说隐公即位呢？就是因为表达了隐公不执着君位的品德，他的初衷是将国家治理好以后让位给桓公。为什么要让位呢？就是因为桓公年幼而身份尊贵，隐公年长而身份卑微。这个意思显然是隐藏在叙述之中的。

当然，《春秋》笔法有其固有的缺点。因为其中的意思没有明确说出来，人们可以从不同的角度去理解。还是表达清楚一点好。这样人们不用去猜，也不会因此发生误会。

7.《诗》学

《诗经》是中国最古的诗歌总集。先秦只称《诗》。汉代列为儒家五经之一,称为《诗经》。《诗经》体裁分为风、雅、颂三部分。"风"是各诸侯国的民歌,包括十五国风;"雅"主要是贵族诗歌,有赞颂,有怨刺,包括大雅和小雅;"颂"为王室庙堂颂歌,包括周颂、商颂、鲁颂。时间上起殷周,下至春秋,成书大约在春秋中期。现存305篇。齐国辕固所传的《诗》叫《齐诗》,鲁国申培所传的《诗》叫《鲁诗》,燕国韩婴所传的《诗》叫《韩诗》,鲁国毛亨所传的《诗》叫《毛诗》。

孔子用《诗》来教什么呢?"子曰:'小子!何莫学夫《诗》?《诗》可以兴,可以观,可以群,可以怨。迩之事父,远之事君。多识于鸟兽草木之名。'"(《论语·阳货》)也就是说,孔子用诗来教人处理人与人的关系,是用来学习知识的,是用来表达健康的情感的。文王受命而作邑于丰,在现陕西西安市西北立灵台。《诗经》里有《灵台》。其中说到"经始灵台,经之营之。庶民攻之,不日成之。经始勿亟,庶民子来"。开始筑灵台,经营复经营,大家齐努力,很快便落成。王说不要急,百姓更卖力。"不日",古人的时间概念,一些天,不是很确定的时间表示方式，有较快的意思。"庶民子来"，说明人民是抱着自愿、自由、自主的心情，像对待自己的父母一样来完成文王交给的任务。这里，表达了君臣关系应该像良好的父子关系一样的思想。这段话重点在表达君臣关系，文王做出了理想的君臣关系的典范。民对待君主如父母，具有非常丰富的内涵，说明君主和政治已经非常好了。孔子通过《诗经》教导领导者应该学习文王，像文王这样处理与人民的关系。

8. 射学

《礼记·射义》记载孔子在矍相园圃中举行射礼。关于射箭的意义，该书解释说："射者，仁之道也。射求正诸己，己正然后发，发而不中，则不怨胜己者，反求诸己而已矣。"（《礼记·射义》）孔子通过射学教导人们什么呢？难道是教人如何狩猎吗？不是的。而是教导人们如何公平、合理地竞争。

孔子倡导的竞争之道和西方人的不一样。孔子强调"正诸己"，就是重点关心自己的完善，关心自己的优秀。并不是一定要赢别人，自己和自己比是重点，自己和别人比是次要的。另外和别人比的时候，重点也是自己，如果没有获得优胜，也不会怨恨别人，要保持快乐的心情。

另外，在竞争的时候，孔子讲究守礼，有风度，要"揖让"。在场上是竞争的关系，在场下的时候是朋友的关系。在场上竞争第一，在场下朋友第一。

竞争主要是靠自己的能力来竞争，而不是为了取胜不择手段，孔子通过射箭告诉弟子这样的道理。这一道理在今天依然是有启迪意义的。

9. 御学

孔子会驾车，也常常借助驾车教导学生学习人生的道理。《韩诗外传》曾记载，孔子有这样一番评论古代驾车的人物和境界的话：

第一种境界是马喜欢车夫矫正自己，喜欢拉车。马知道后面有车子，但是不会太在意，不会感到是个负担。马知道车上有人，所以要好好地走路，担心伤害到车子上的人。"美哉，颜无父之御也，马知后有舆而轻之，知上有人而爱之。马亲其正而爱其事，如使马能言，彼将必曰：'乐哉，今日之驺也！'"政治领导就像驾车，最好的领导就是让老百姓快乐地做自己的事情，知道自己对社会承担的责任，但是不会感到太有压力，能够爱护他人。

第二种境界是马害怕车上的人，但是能认真地驾车。"至于颜沦，少衰矣。马知后有舆而轻之，知上有人而敬之。马亲其正而敬其事，如使马能言，彼将必曰：'驺来，其人之使我也！'"如果马会说话，马会说：我可得好好地拉车，那个人是使唤我的人。

第三种境界是车子对马来说是个负担，如果马能说话，马一定会说：快点跑吧！如果不快点跑，后面的那个人会杀了我！"至于颜夷而是衰矣。马知后有舆而重之，知上有人而畏之。马亲其正而畏其事，如使马能言，彼将必曰：'驽来！驽来！女不驾，彼将杀女！'"

颜渊很会用老师的办法讲道理。《韩诗外传》记载说颜渊陪着鲁哀公坐在高台上，有个叫东野毕的在台下正驾着马车。鲁哀公看到后说道：东野毕的驾车技术真好啊！颜渊回应说道：技术是不错，不过，他的马早晚会跑掉。鲁哀公听了颜渊的话后很不满意，说道：听说君子是不说别人坏话的。也有君子说别人坏话的这回事吗？后来东野毕的马果然跑了。鲁哀公想起颜渊的话来了。为什么颜渊说得这么准呢？就派人去把颜渊叫了回来。颜渊说：东野毕的驾车技术确实很好，但是我看拉车的马力量已经用尽了，但是东野毕还在那儿用鞭子不停地打，所以我知道马肯定会跑掉的。

四 道术的分裂与孔子后学

章太炎曾经把儒定位为术士。《汉书·司马相如传》说"有道术者皆为儒。"广义的儒指有学问、道术者。汉代扬雄说:"通天地人之谓儒。"从这一意义上说,中国文明的早期是无所谓道家、法家和儒家之区分的。汉代把当时各家追溯到夏商周时代的人物身上去,显然是后代人的一种学术研究结论。儒,就是对有道的人的一个说明。这种人上知天文,下知地理,中通人事之变化,比一般人看得远，一般人看不出来的，他们能够看出来。所以儒家的人物就是当时的哲学家。

后来，有了具体的学派，这个学派叫作儒，那么其他的学派也有自己的名字了。这些学派之间有区别也有联系。其中成熟比较早的一个学派就是孔子的儒学，其他学派的发展与儒学或多或少有某种联系。因为各种学派都是从同一个文化源头和文化环境中孕育出来的。那个共通的孕育环境就是夏商周文化。

1. 孔子与儒学的创立

孔子是儒学的创立者。儒学是一个学派团体，有自己的学说体系，有自己的信念和信仰。其传承的儒道范围广泛，包括对天地的敬重、对政治的美好祈望、对理想人格的不懈追求，等等，因而孔子身边吸引了很多弟子前来学习，儒学不断发展和壮大。孔子学派的形成有如下几个条件：

一个学派的形成要有好老师，而且要不断有新的老师出现，继承原来老师的思想，有"学科带头人"，有学术领导。当然，这里的学术领导和"学霸"不同。孔子吸引弟子靠的是人格。在子贡的心目中，孔子就像天，学孔子就像登天一样难，对自己的老师永远充满信心。子贡的想法反映了孔子弟子的基本心态，正是对老师的尊重使儒学得以延续和发展。

孔子有学识，孔子懂得礼，懂得乐，懂得易，懂得驾车之道。"饰知以惊愚，修身以明污。"（《庄子·山木》）也就是说孔子很有智慧，很有道德，孔子和他的儒学学派构成了当时社会一道独特的风景线。孔子创立了儒学，包括有自己独特的学术思想，有自己的教材和教学内容体系，有自己的学生和形成了共同学术话题的学术团体，有自己尊重的老师和老师的传承。"学霸"也可以形成一个学术团体，但"学霸"形成团体靠的是权力，靠的是地位，靠的是金钱，靠的是人脉，因为有了这些所谓的"资源"，就有人愿意追随，爱护老师也好，维护老师的思想也好，实际上是维护利益集团，是维护权力、地位和金钱。孔子创立的儒学不是"学霸"那样的团体。

一个学派的形成要有团体规矩和内在的凝聚力。《庄子·山木》记载孔子问子桑雽，问自己为什么遭受那么多的厄运，导致亲友和徒弟离散呢？子桑雽认为是因为老师和弟子的关系是以利相合，而不是建立在"天"的基础上，所以就会出现这种情况。"夫以利合者，迫穷祸患害相弃也；以天属者，迫穷祸患害相收也。"孔子创立儒学并不是因为彼此有金钱或者地位的关系才形成的。孔子没有什么钱可以给弟子，孔子也没有什么权力可以为弟子谋利益。当孔子收徒弟的时候正是在政治上不得势的时候。孔子虽然很有名声，但也谈不上有什么"人脉"可以利用，因为孔子周游列国也不是很受欢迎。当然，儒学创立以后和权力、利益、人脉结合在一起是不可避免的事情。"夫使孔子名布扬于天下者，子贡先后之也。此所谓得势而益彰者乎？"（《史记·货殖列传》）儒学和权力的结合使得儒学获得了新的生命力，也失去了很多原始的活力。儒学中权力、利益和名声因素的退出对儒学是祸也是福，其实儒学最初的生命力本身并不在于权力和金钱等因素使然。

小知识◎曲水流觞

在周代,已有水滨祓禊之俗。祓禊是通过洗濯身体,达到除去凶疾的目的的一种祭祀仪式。到了汉时,三月上巳,才确定为节。每逢该日,官民都去水边洗濯。不仅民间风行,连帝王后妃也去临水除垢,祓除不祥。后来,此俗又进一步演变为临水宴饮。魏晋以后,才将上巳节正式改定为夏历三月初三为春禊,作为岁时节令中的重要节日。永和九年(353年)三月初三上巳日,王羲之等在举行修禊祭祀仪式后,在兰亭清溪两旁席地而坐,将盛了酒的觞放在溪中,由上游浮水徐徐而下,经过弯弯曲曲的溪流,觞在谁的面前打转或停下,谁就得即兴赋诗并饮酒。据史载,在这次游戏中,有11人各成诗两篇,15人各成诗一篇,16人作不出诗,各罚酒三觥。王羲之将大家的诗集起来,用蚕茧纸,鼠须笔挥毫作序,乘兴而书,写下了举世闻名的《兰亭集序》,被后人誉为"天下第一行书",王羲之也因之被人尊为"书圣"。而《兰亭集序》也被称为"禊帖"。

2.《论语》的结集：
孔子后学的精神指南

孔子以"六经"为基本教学蓝本。在教学过程中，他形成了自己新的思想系统。这个思想系统被弟子们整理出来，做为对老师的怀念，并规范自己的思考和行为。这个新的思想系统集中体现在《论语》之中。从《论语》的编纂者来看，比较可靠的看法都集中在孔子和再传弟子两代。《论语》当结集于公元前436年至公元前402年这34年之间。参与者主要是仲弓、闵子骞、子游、子夏等。

孔子留下了很多谈话，除了《论语》以外，今本和帛书本《易传》《孝经》《礼记》《孟子》《孔子家语》《孔丛子》等都有记载。其他"子曰"文献中表现出来的儒家思想和《论语》还是有一些差别的。

《论语》代表的儒学，可以称为启发式的儒学。孔子借助对天的新体悟，对自我独立的君子人格的强调和对传统礼俗深远意义的独特理解，完成了先秦儒学的启蒙新纪元，给出了化解习俗伦理危机的新的儒家之道，从而走向后习俗时代的儒家。

明刊本《论语》
中国国家博物馆古代中国陈列展展出

《论语》的启发式儒学特征可以从以下的对话中看出来:"子夏问孝。子曰:'色难'有事,弟子服其劳,有酒食,先生馔,曾是以为孝乎?"(《论语·为政》)

什么是孝呢?孔子没有直接给出一定定义或者答案,而是举出了一个例子来说明。当有事情的时候,弟子干活,但是干活得到的成果却是被老师享有,孔子说这恐怕不是孝吧。孔子给出的这个例子是启发性的。要弄懂什么是"孝",需要进行如下几步工作:

其一,孝存在于所有的上下级关系中。这里讲的是学生和老师的关系,显然孝是谈论所有类似这种上下级关系的。包括父子关系、师生关系、君臣关系、天人关系等。孝的范畴适用于这些关系。

其二,上级利用下级的关系不是孝。弟子干活,老师享受酒食不是孝。酒食是一种功利性的物质性的东西。这个劳动成果不是老师创造的,也不是两个人合伙创造的,而是学生劳动出来的。显然是学生付出劳动,老师单纯享受的工具利用关系。

金代孝子故事雕砖
1963 年山西闻喜小罗庄出土，山西博物院藏，中国国家博物馆古代中国陈列展展出

孔子说如上关系不是孝，就否定了这种"异化劳动"的关系。"孝"不能等同于弟子劳动，老师享受这样一种行动格局。孔子的理想不是把弟子、儿子培养成一种工具（因为"君子不器"），不在于长辈以一种物质性的功利性的方式来处理"老"与"子"的关系。老师专门享受弟子的供养就是一种单向性的功利性的强迫性的规范。

其三，孝是双方的互助关系，尤其是教育和学习的关系。可以说在孔子看来，"孝"的行动选择确实从表面上看来让人感到迷惑，但其实是有价值准则的。这个价值准则就是相互在精神生活上的帮助，互相都能达到理想人格的完善。谁能在人格上教导别人，其他人就应该学习，这就是孝。

"节""孝"碑
朱熹手书,清代欧阳厚均刻,湖南长沙岳麓书院藏

其四,要根据具体情况行孝。那么如果双方是人性的关系,那么在现实生活中有几种可以选择的行动方案呢?大约有如下几种:两者都不看重物质关系,尽量超越物质关系,维持在精神层面上;在物质关系方面二者共同劳动、共同享有;老师劳动,弟子享受;学生劳动,老师享受。如果双方没有彼此利用的关系,而是从彼此人格健康的角度来考虑问题,以上行动方式都是可以接受的。从以上例子可以看出,《论语》中记载的孔子的思想是启发式的,是开放的。

3. 颜回和颜氏之儒

颜回的先人远祖是黄帝的后裔。颜回的父亲是颜路,又名无繇,是孔子的早期弟子。自汉代开始,颜回被列为七十二贤之首,有时祭孔时独以颜回配享。此后,历代统治者不断追加谥号:唐太宗尊之为"先师",唐玄宗尊之为"兖公",宋真宗加封"兖国公",元文宗又尊为"兖国复圣公",明嘉靖九年(1530年)改称"复圣"。

子贡说他"能夙兴夜寐,讽诵崇礼"(《孔子家语·弟子行》)。他是一个对老师比较有信心的人。"孔子之门,三盈三虚,唯颜渊不去。"(《论衡·讲瑞》)

他属于"德行科"。当孔子和弟子被困在陈蔡的时候,孔子和弟子们没有粮食吃有7天。子贡设法突围换来一石米,颜回负责煮饭。在饭要熟的时候,不小心把墨块掉在锅里面了。颜回抓起来塞在口中。不巧被子贡看见了。子贡去向孔子告状,问孔子:人在穷困潦倒的时候也改变操守吗?孔子当然说:不。子贡就把所见告诉了孔子。孔子说:我相信颜回不会。孔子就把颜回叫到屋子里面,说:我梦见先君了,你把饭煮好后拿来,我要先祭祀先君。颜回说:这锅饭不能祭祖了,

曲阜颜庙乐亭
宋代周敦颐曾经以"颜子所好何乐"教程颐、程颢兄弟

就说明了原委。(《孔子家语·在厄》)

根据郭沫若的说法,"颜氏之儒"当指颜回的一派。郭沫若认为这一派有避世的倾向。郭沫若甚至认定《庄子·内篇》中记载颜回的思想就是"颜氏之儒"的传习录。

4. 思孟学派：早期儒学中的心性派

孟子（约前372～前289年），名轲，战国中期儒家学派的主要代表，哲学家，政治家，留世有《孟子》一书。

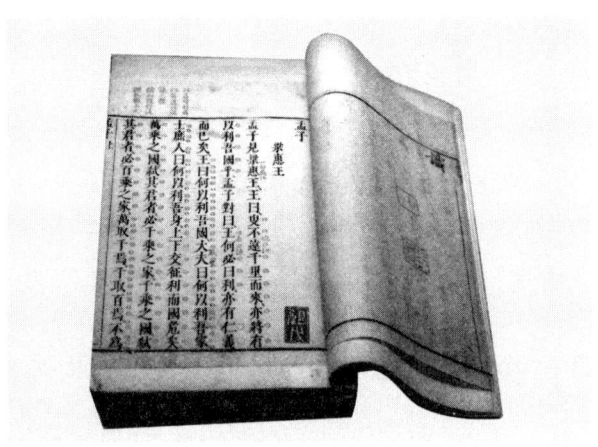

明刊本《孟子》
中国国家博物馆古代中国陈列展展出

邹城孟府礼门门匾
孟子认为,礼就是门,义就是路,通过这个门和这条路就会通达上天

按照传统的说法,孟子受业于子思或子思之门人,子思受业于曾子,由此构成了儒学发展的正宗途径。不过,也有人对此提出了疑问。孟子的主要弟子有乐正子、公孙丑、万章、公都子、陈臻、充虞、咸丘蒙、陈代、彭更、屋庐子、桃应、徐辟、孟仲子。

思孟学派是早期儒学中的心性派。这一派别认为天把光明的本性(诚明)放在了人的心中,人的任务就是把这个本性找出来,发挥出来。这个本性表现在什么地方呢?孟子说是"四端",也就是四个心:恻隐、羞恶、辞让、是非。

恻隐之心具体地说,就是好的和坏的、善的和恶的……对立的双方都爱。就像两个人发生了争吵,你是站在哪一边呢?如果你只是爱其中的一方,拉偏架就不是仁爱之情。你对双方都爱,就是仁爱之情,就是博爱之情。如果你在对立的双方中只是爱一个,而恨另一个,自然就会受到对立双方情绪的影响,很难有持久的快乐。就像有人刚刚夸奖了你几句，你当然很快乐。但是，刚刚出门就被人骂了，当然你又会很恨这个骂你的人。这样你当然很难有恒常的快乐，快乐就不会存在很久。如果你能够爱那个骂你的人，觉得他很可怜，心情这么不好，又随便骂人，真够可怜的，当然你就会很同情他，你就会宽容他。自然原来的那个快乐依然会留在你的心里，就可以保持恒常的快乐。

5. 荀子：早期儒学中的礼学派

荀子，名况，字卿，赵国（今山西安泽）人，约出生于公元前313年。当时的赵国是赵武灵王当政。赵武灵王是一个思想开放的诸侯王，主张向少数民族学习骑射，改良衣服，也就是学习"胡服骑射"。齐国当时是宣王、威王当政。齐国的稷下有一个学宫，是那个时候的学术文化中心。对于年轻的学子来说，这个学宫对于他们很有吸引力，很多人都向往到那里去求学。这个学宫有不少名人，像齐国的本地学者淳于髡、彭蒙、田骈、邹衍、接子、田巴等，还有赵国的慎到，宋国的宋钘，楚国的环渊等。

据说在15岁的时候，荀子来到了学宫。在学宫，荀子受到了较为正规的教育。荀子可以说是"名校"培养出来的正规"大学生"。正规的大学生都有一个共同的特点，那就是书读得多，谈论的都是学术圈的事，像一个学者。

荀子也一样，他对《诗》《书》《易》《春秋》《礼》等经典钟爱有加，并培养了很多传经弟子。比如《鲁诗》就是由孔子传给子夏，子夏经过荀子传给浮丘伯，然后传给申培。据说，毛亨的老师就是荀子。

另外，当时的学宫虽然学术自由，但也有"智囊团"的意思。到齐襄王的时候，荀子的名声已经很大了。据说荀子在公元前285年齐湣王时候，公元前282年齐襄王时候，公元前260年齐宣王的时候三次担任祭酒。学宫也参与政治，"不治而议论"，"各著书言治乱事，以干世主"（《史记·孟子荀卿列传》）。

荀子
荀子（前313～前238年），战国时期思想家、教育家，儒家代表人物之一

荀子算是早期儒学中的礼学派。他想要用礼来调整社会关系，让人与人之间既保持一定的等级身份，同时还能平等相待。他希望人们通过学习礼约束自己的生理需要，从而彼此和谐，成就圣贤和君子的人格。

小知识◎诸子百家

在公元前5世纪到公元前3世纪的时候，在中国这片土地上活跃着很多学派，后人称之为"百家"。创作了《史记》的司马迁（前145～前86年）的父亲司马谈（卒于前110年）把先秦的哲学家划分为儒家、墨家、道家、名家、阴阳家、法家6个主要的学派。刘歆（前46～23年）和他父亲刘向一起，校对整理皇家图书，名为《七略》，后来班固（32～92年）用它作为《汉书·艺文志》的基础。从《艺文志》中可以看出，刘歆将"百家"分为10个主要的派别，即十家，其中有六家与司马谈列举的相同。其余四家是纵横家、杂家、农家、小说家。诸子百家创造了中国一个思想史上的辉煌时代，产生了很多原创性的思想。

6. 早期儒学和道家关系之谜团

道家的代表人物有老子、庄子、列子等，代表作品是《道德经》《庄子》《列子》等。道家和儒家的关系是很复杂的。传说孔子曾经问礼于老聃。而庄子的学说也曾被认为来自孔子的弟子子夏。这说明儒学的确对道家的发展有影响。一方面二者之间有某种继承关系，另一方面，儒家成了道家批评的对象，反倒促进了道家学说的发挥。

儒家讲道，道家也讲道。不过，道家讲道对形式上的事情是不太在意的。比如庄子讲过一个小故事："宋人资章甫而适越，越人断发文身，无所用之。"（《庄子·逍遥游》）一个宋国人到越国贩卖帽子，越人剪光头发，身刺花纹，用不着它。帽子是什么东西呢？显然帽子有实用的价值，可以保暖、遮住阳光。如果你生在南方，和北方人对帽子的功用会有不同的体会。在寒冷的北方，冬天没有帽子是万万不行的。但是很多男士和女士戴帽子不是为了实用，而是为了美。另外，在不同的场合戴不同的帽子，有的时候也有礼仪的功能。正因为有这么多的功用，它就有了价值，人们就很看重它，就像这个宋国人一样，把帽子当成了宝贝，作为交易的砝码。但是这个宋国人找错了对象。"越人"，既可以指现实的越国人，也可以理解成隐喻性的概念，也就是"超越的人"。对于超越的人来讲，一切是淳朴自然的，是和真我在一起的，不用伪装的身体面对人。对于宋人有价值的东西，对于越人是没有用的。用具有相对性，世俗的价值并不是普遍有效的，不是放之四海而皆准的。世俗价值并不能和超越的价值进行交换，无法以世俗价值作为商品交换超越价值。那个超越的价值的世界就是道的世界。

如果从社会秩序和政治的角度看，面对春秋战国时期社会秩序的动荡，各家都给出了自己的一套解决方案。儒家治国虽然也讲过无为而治，但主要是侧重有一个好的礼乐文化。而道家则是从心灵生活的角度入手来说的。在司马谈心目中，对于君主和主要的政治人物来说，最大的问题就是工作太多太忙，就像今天的某些官员一样，开不完的会，开完会还要请客吃饭，打点人际关系。哪件事情不得用脑力、用体力呢？弄得不好，自己精神很疲惫，身体健康也出了问题。官是做大了，但是自己却没有一个好心情和好身体来平衡社会的压力，来享受社会带来的好处。因为官僚心态不正，他又是官，能够给社会带来很多不好的影响，自然社会秩序就不能好了。一个心态不好的官，老想着篡权的事情，自然对于老百姓尽可能地层层盘剥，什么良心，什么法律都没有了。所以在司马谈看来，道家开出的治理社会秩序问题的药方也是从君主入手，从高官入手，希望他们能够懂得"虚无为本""精神专一""去健羡，绌聪明"。因为精神用太多了就枯竭了。

但是，按照这一方案，问题马上就来了。官的事情实在是太多了。那么如何能做好那些事情呢？司马谈认为道家的办法就是"以因循为用"，无为而治。也就是说不强行去改变什么。如果社会秩序有问题了，也不能强行去改变什么，只能趁着事情有转机的时候，去改变一下。在司马谈看来，儒家强调榜样治国就显得太劳累了。司马谈的理解可能有点问题，不过大概可以说明道家应对社会问题方案的总原则。

7. 孟子拒斥墨家

墨家也是从儒家提出的问题出发，不过思路和答案不一样。墨家认为当时社会秩序动荡的根源是战争，是贫富不均，是奢侈浪费，是人们思考问题不清楚，不懂得逻辑，从而导致了贤能的人不能得到重用。比如如果一个人自己家种地，为了自己的利益，他就懂得应该找一个会种地的人帮着。但是如果是别人的事情，他就不尊重那个会种地的人了。这是不懂得类别的概念。贤能的人总是贤能的人，但在这种情况下受到重用，另一种情况下就不受到重用，显然是不知道类别的概念。总的来说，墨家认为当时的社会秩序就是强壮的欺负弱小的，聪明的欺负不聪明的，有钱的欺负没有钱。要想改变这个状况就是让大家能够互相爱护，在利益上能够兼爱。

墨家把重视礼节导致的浪费、烦琐，以及信命、不太重视利益等标签贴到儒家的头上，这导致儒家人物的不满。孟子就举起了反墨的大旗。他认为墨子心目中装的都是利益方面的事情，不管这个利益是为了他人还是为了自己，都不是人的根本价值。

8. 儒法治国方法之争

法家的代表人物是韩非、李斯、商鞅等,代表作品是《韩非子》等。商鞅据说曾经是子夏的学生。法家和儒家有某种历史的渊源。因为礼本身也是一种法度,礼节制度化为一个普遍规范的时候就是法了。荀子就是一个例子,一方面他像个法家,另一方面他像个儒家。到汉代以后,儒法就进一步合流了。

不过韩非对儒家的批评是很不客气的。在他的心目中,儒家法先王,用道德治国,就像没有缰绳来驾驭野马拉的车子。

在法家心目中,人都是自私自利的,都是有欲望和需要的,又都是害怕社会强势的。社会乱就是因为欲望的缘故。所以要用法来压制住社会不同层次人的欲望,让他们不敢干坏事。道德是不管用的。

另外,社会混乱也是因为没用的人太多,所以除了官僚、军人和农民以外,其他人员没多大用,儒家学者的价值也就不大了。

要想让社会有秩序就是要治理好体制的问题,让好人当官可以做好事,坏人当官不能干坏事。在韩非的心目中,制度、惩罚手段比个人的美德要管用。

9. 儒家和阴阳家都关注阴阳范畴

阴阳家是讲阴阳的，代表作品是《洪范》《月令》和《易传》等。战国时期阴阳家的主要人物是邹衍。据司马迁《史记》记载，邹衍是齐国（今山东省中部）人，著书十余万言，都已经失传了。不过，司马迁对邹衍的学说作了很详细的说明。《吕氏春秋》的《有始览·应同》篇讲了五德终始的理论。我们常常看到电视剧上面有"奉天承运，皇帝诏口"的说法。承什么运呢？就是金木水火土的运。所谓"承运"，就是承五德转移之运。金克木，木克土，土克水，水克火。

《应同》篇说，黄帝的时候土气盛，所以崇尚黄色，旗帜最好用黄色的旗帜，衣服也是如此。木克土，那么谁会替代这个崇尚黄色的王朝呢？应该是木了。到禹的时候，草木到了秋天还活得好好的，不愿意死，这说明木气盛大，自然就是代替黄帝的征兆。以土德王的黄帝，为以木德王的夏朝所克。以木德王的夏朝，为以金德王的商朝所克。以金德王的商朝，为以火德王的周朝所克。以火德王的周朝，将为以水德王的朝代所克。以水德王的朝代，又将为以土德王的朝代所克。这个循环是不断完成，又不断开始的。

孔子是很重视《易》的，在一些文献中也保留了不少孔子关于阴阳与政治关系的表述，和无德终始说类似。不过到底是谁影响了谁还没有确定的结论。

10. 儒家和名辩者在语言哲学问题上的交锋

孔子是很注重说话问题和语言问题的,比如强调君子"讷于言""言必有中",斥责"巧言乱德"。孟子更是以善辩著称。

名家的人在春秋战国时期以"辩者"而闻名,如邓析、公孙龙、惠施等。邓析是当时著名的讼师。《吕氏春秋》有个故事,说是洧水发大水,淹死了郑国的一个富人。尸首被人捞去了。富人的家属要求赎尸,捞得尸首的人要钱太多,富人的家属就找邓析出主意。邓析说:"不要急,他不卖给你。卖给谁呢?"捞得尸首的人等急了,也去找邓析出主意。邓析又回答说:"不要急,他不找你买,还找谁呢?"(《审应览·离谓》)

《庄子》中的《秋水》篇提到名家的一个领袖公孙龙(约前320~前250年)。我们可以见识一下他的思维能力和逻辑能力。《汉书·艺文志》中说《公孙龙子》14篇,但现在只保存下来了6篇:《迹府》《白马论》《坚白论》《通变论》《指物论》和《名实论》。

《迹府》说:"龙于孔穿会赵平原君家。穿曰:'素闻先生高谊,愿为弟子久,但不取先生以白马为非马耳!情去此术,则穿请为弟子。'龙曰:'先生之言悖。龙之所以为名者,乃以白马之论尔!今使龙去之,则无以教焉。且欲师之者,以智与学不如也。今使龙去之,此先教而后师也;先教而后师之者,悖。'"师生关系有师生关系之道,也就是其中包含的逻辑,学是学老师的知识、思想和道德,既然愿意当学生,就是在逻辑上认为老师的知识、思想和道德有可学习之处,孔穿自认为是学生却去教导老师如何做,其实就是想给公孙龙当老师,这自然是违背为学的逻辑。公孙龙机智地发现了这一点。从这个故事可以看出,公孙龙是很善于发现事物包含的逻辑关系的。哲学就是要发现事物背后包含的逻辑关系。

这也可以看成是儒者和名辩家开展的一个思维竞争。早期儒学不仅仅有丰富的道德思想,思维逻辑也是很高超的。比如告子说性和仁义的关系就像一棵树和树木做成的筐的关系。孟子一下子就看出了问题。因为筐是砍倒了树以后,又用火烤,煣弯才做成的。难道也要像对待树一样对待人吗,也砍了人,把人弯成一个所谓的仁义的人。那样的仁义不就成了杀人的工具了吗?欣赏先秦儒家也要学会欣赏儒家的思维逻辑。

小知识◎六博棋

六博棋是中国古代棋戏的一种。这种棋由两人玩,双方各有6枚棋子。其中各有一枚相当于王的棋子叫"枭",另有5枚相当于卒的棋子叫"散"。行棋在刻有曲道的盘局上进行，用投箸的方法决定行棋的步数。博棋由棋子、博箸、博局（棋盘）三种器具组成。两方行棋，每方6子，分别为：枭、卢、雉、犊、塞（二枚）。因为春秋战国时的兵制，以5人为伍，设伍长一人，共6人，当时作为军事训练，两队人马竞赛，也是每方6人。由此可见，六博棋是象征当时战斗的一种游戏。春秋战国时期，"六博棋"是人们十分喜爱的娱乐活动，如汉代的文帝、景帝、武帝、昭帝、宣帝都很喜爱博戏。西汉时朝廷里设有博侍诏官，善博的人在社会上享有较高的地位并受到人们的尊敬。汉代还出现了专门研究博术的人和著作。南越王博物馆有一副"六博棋"的藏品。六博棋亦称博戏或陆博，出现在春秋战国以前，《楚辞·招魂》中记载了六博棋的形制和比赛方法。

五 儒家之道

儒家之道内容广泛，我们以成圣贤为核心展开论述。我们为啥而活？活着的意义是什么呢？我听见一位喜欢喝酒的老人说：活着不就是为了喝一口酒吗？不喝酒活着还有啥意思？这一点"意思"用文绉绉一点的词来说就是快乐、幸福，就是人生有价值、值得，就是人生有追求。这位老人因为喝酒让他快乐，让他觉得活着值得，所以就认为活着就是为了喝酒。

同样的道理，赚钱、当官、成名等都可以是那个让人生有意义的"美酒"。在儒家先师的心目中，活着是为什么呢？

1. 活着的意义：立志成圣贤

如果你去问儒家的先师，活着的意义是什么？他们一定回答说：成圣贤。意识到活着不单纯是为了喝酒，不单纯是为了赚钱、当官等，而是做个好人，让自己完善，像个高贵的人，并自觉地按照这个高贵的人的标准去做事。认识到成圣贤是人活着的那点"意思"，说明我们有了一种生命的新的自觉。

这里的"圣"是广义上的，包括一系列人格修养达成的境界，贤人、大丈夫、君子、圣人不等。与君子等人格相对的是乡愿、狂者、狷者、小人。

首先需要知道，这里的小人、君子等概念不是说哪个具体的人一定是小人和君子，而是一个理想人格的说法。也就是说任何人都可以成为君子，成为圣人，也可以说圣人是人生的境界。

在这些儒家心目中的人格中，受到肯定的是君子、贤人、大丈夫、圣人这些理想人格。"小人"和"乡愿"是不被看好的。活着的意义是成圣人，自然要一步步向理想人格迈进。孔子曾经说过，路过我的门，不入我的室的人就算了，就不必讨论了。

之所以要讨论"乡愿",是因为"乡愿"有让自己成为一个好人的自觉,但是还没有弄清楚真道德是什么,真好人是什么。

我们先说说"乡愿"。孔子说:"乡原,德之贼也!"(《论语·阳货》)什么是"乡愿"呢?"乡愿"就是表面上看是有道德的人,但实际上没有道德。其基本属性就是"伪善",所以称之为"德之贼"。"乡愿"可以说是在道德上做假。邓晓芒在《儒家伦理的新批判》中把中国人喜欢造假的根源归结为伪善。孙隆基在《中国文化的深层结构》中则说中国人的"文饰"态度具有普遍性。比如在艺术创作中,中国人信奉艺术就是夸张。以至于给人一种感觉,外国人的虚构片跟真的一样,中国人拍的所谓真人真事跟假的一样。既然平日已在做戏,在银幕上表演时再经"艺术夸张",就只有使演戏的痕迹毕露,没有一点真实感。平时就是类型化的做人方式,自己并不觉得这是在演戏,在这个基础上再夸张,自然假上加假。中国人这种"文饰"的态度也不一定是常常用来掩饰自己的错误,也可以用来使自己"好看"一点。比如照相要摆姿势,刻意弄个样子给别人看。"乡愿"喜欢"文过饰非",对过错进行"文",对"非"进行装饰,"文"成、"饰"成"对"的和"是"的,就是"伪善"。

孟子后来有一个解释。"非之无举也,刺之无刺也,同乎流俗,合乎污世,居之似忠信,行之似廉洁,众皆悦之,自以为是,而不可与入尧舜之道,故曰'德之贼'也。"(《孟子·尽心下》)"乡愿"从外表上看符合世俗的道德标准,甚至挑不出什么毛病,得到大家的喜爱,但是却不能成为圣人。为什么呢?就是因为这样的人内心里面没有充满"四端"的美德。

"乡愿"可以说从社会的看法或者从外表上看是一个有道德的人了。但这还不够。如何避免乡愿呢?或者说超过"乡愿"的境界呢?

孟子开出的药方就是要培养自己内心的恻隐之心和羞恶之心。

"乡愿"还没有真正踏上成圣贤的征途,说完了"乡愿",该说说"小人"了。小人有哪些表现呢?

其一,小人骄而不泰。小人自大。孔子强调君子不会太固执,不会说什么一定是这样的,不会过于从自我出发去看待事情,不会太从自己的主观看法出发看问题。虽然梁漱溟说孔子没有破我执,不过君子是把"我执"当作人生最大的敌人的。小人之所以会"骄"而不能够泰然地生活,原因很简单,就是因为太以自我为中心了。"我"的表现很多,比如你习惯吃面条,不习惯吃米饭,太自我的人就会认为面条比米饭好,甚至强迫别人也吃面条,自然就会和别人过不去,很难活得自在了。"我"可以表现为自己的感觉、自己的气质、自己的习惯、自己的观念、自己接受的文化等。要想踏上圣贤的征程,首先就是要认识自己的"我","毋意,毋必,毋固,毋我"(《论语·子罕》)。

其二,小人总是让人陷入烦恼。小人给人带来的感觉不是快乐、安详和幸福。"小人不可大受,而可小知也"(《卫灵公》)。怎样才能知道自己修养达到什么样的境界呢?一个很简单的判定方法就是去看看和你接触的人的反应和感觉。如果别人和你接触以后,更快乐,更乐观,更心安,那么你就接近君子的品格了。凡是给别人带来积极的心灵生活的人就接近君子的品行了,就走在圣人的路上。相反,小人常常给人带来负面的情绪,比如争名逐利,比如更好色,比如更容易发脾气,比如更自大,等等。小人在自己设定的圈子里面生活,所以对于君子来说,小人是可以"小知"的。小人给人带来负面的感觉,更容易调动、鼓动人性中的恶的品质,所以是"不可大受"的。

其三,小人拉后腿,不让人进步。小人是否定力量、消极力量的

陋巷井亭
位于山东曲阜颜回庙。《论语》中说颜回居陋巷，但不改其乐

代表，使得世界陷入否定，拉后腿，不让世界进步。具体表现在多个方面，一个方面是情感是消极的、否定的，"小人长戚戚"（《论语·述而》）。另外，小人常常对积极的正面的超越的高贵的事物进行否定，"小人不知天命而不畏也，狎大人，侮圣人之言"（《论语·季氏》）。概括起来就是，"小人下达"（《论语·宪问》）。凡是人家讲什么，小人的第一反应往往都是负面反应，常常说"不会吧！"小人常常否定别人。小人在人际交往方面也往往给人以不好的影响，启迪他人的负面力量，"君子成人之美，不成人之恶；小人反是"（《论语·颜渊》）。"小人之德，草；草上之风，必偃。"（《论语·颜渊》）小人不是没有

内在积极的德性，只不过这种德性不能够坚持，容易受到外在的负面力量的影响，而失去自身的功能和作用。"子夏曰：'小人之过也必文。'"（《论语·子张》）小人如果做错了事，很难想象他会反省自己的过程，真心地去忏悔，而往往是想办法掩盖自己的过错。

其四，小人没有个性。在人际关系方面，小人没有自己的个性，总是依靠别人，"小人求诸人"（《论语·卫灵公》），"小人比而不周"（《论语·为政》），小人在人际交往方面"比"，喜欢和别人相比较，有隔阂，是两个特殊的对立的人，然后彼此之间结合在一起。"小人同而不和"（《论语·子路》）。求同，就是类型化地对待他人和对待自己。很多个体都是以类型化的方式与他人发生关联的。个体不仅把他人看作类型化的，而且他人也以相似的方式对待自己。"比"的结果往往是求全责备，"及其使人也，求备焉"（《论语·子路》）。小人"近之则不孙，远之则怨"（《论语·阳货》），关系近了就不尊重别人，就忽略了别人的高贵之处；关系远了就怨恨，是典型的个人精神生活不成熟、不独立的人在人际关系方面表现出来的特征。

其五，看见小人，就让人想起了利益争斗。"小人喻于利"（《论语·里仁》），是利益的化身。"小人穷斯滥矣"（《论语·卫灵公》），小人是无法安于较差的生活环境的，不向内心求快乐，总是抱怨环境。"小人怀土"，"小人怀惠"（《论语·里仁》），小人对世俗生活太执着了，不够超脱。"言必信，行必果，硁硁然小人哉！"（《论语·子路》）小人做什么事情总是追求有一个可见的结果，总是想到有用和没用；语言总是希望有回应，得到赞扬。"小人有勇而无义为盗"（《论语·阳货》），小人对他人和社会有"小偷"一样的心态，总是想投机取巧，甚至抢掠豪夺。

过了"小人"渐次就成了"君子"，成为君子就开始真正踏上了圣人的旅程。这个旅程涉及很多方面：

首先要认识和使用自己的善良的本性，并发展这个善良的本性。然后是学会用大尺度和小尺度结合起来衡量自己的人生。小尺度是自我的尺度，是家人的尺度，是朋友的尺度，然后是同事，然后是国家、政党、民族等。最大的尺度当然是"天"的尺度，是"道"的尺度。在自己的生命向不同层次的人，向大自然敞开的时候，人就成了一个完美的人，成为君子、圣贤。

小知识◎击壤

传说尧出游于田间，路遇"壤父"击壤于道旁，一边击壤还一边歌唱。汉代王充《论衡·艺增》中曾记载一首尧时击壤老人唱的歌谣："日出而作，日入而息，凿井而饮，耕田而食，尧何等力！"意思是说太阳出来起床劳动，太阳落山回家休息，打井有水喝，种地有粮吃。击壤跟尧有什么关系呢？这里是反驳旁观者说击壤是尧的大恩大德。因而，"帝尧之世，击壤而歌"成了后世歌颂太平盛世的典故。

明清时儿童游戏"打瓦""打板"等都是用瓦块、石头玩的击壤游戏。

2. 成圣贤如何可能：

人性的善与恶

一个人长到一定程度，人们说是"成人"了，等有了家庭，说是"成家"了。用儒家的话说，这是"立"起来了。但儒家真正意义上的"成人"是什么呢？就是成为君子、圣贤。自觉去践行君子道，才是"成人"。但是我们成为一个完美的人的根据是什么呢？我们有那个"种子"，有那个"材料"，有那个"根"吗？有，这个"根"就是人性善。

人有一个永远不会被污染的本性

如果我们人还有希望，还能够相信什么人，相信什么理论，就要承认人有一种不被污染的本性，用儒家的话说是性善，用佛家的话说是清净本性。

为什么要这样子呢？原因很简单。如果你不承认人有一个不受染污的地方，有一种不受染污的能力，那么人就不能自我完善了，不能自己救自己了，甚至也没有什么人可以救你。为什么呢？你可以设想，就像水被污染了，用污染的水去洗东西，显然洗不干净。同样的道理，一个被彻底污染了的人，如何能救自己呢？如何能让自己干净呢？如果所有的人都是性恶的，都被彻底污染了，那么这个世界上就没有一个可靠的人，没有一个可靠的理论。只有承认人有一个不被恶破坏的善的本性，这样才有自我完善的可能，才有可靠的老师，才能相信别人。从这一意义上说，儒家的性善论是对人的信心最足的理论，是最能给人以希望的理论。

人性如坚白石

孔子有那种"人有一个不被污染的本性"的思想吗？有！尽管孔子只是简单地说了一句话："性相近也，习相远也。"（《论语·阳货》）他没有详细地解释"性相近"中的"性"是善还是恶。不过孔子表示过人有一个不会被损害的"坚"和"白"的地方。

"佛肸召，子欲往。子路曰：'昔者由也闻诸夫子曰：亲于其身为不善者，君子不入也。佛肸以中牟畔，子之往也，如之何？'子曰：'然。有是言也。不曰坚乎，磨而不磷；不曰白乎，涅而不缁。吾岂匏瓜也哉？焉能系而不食？'"（《论语·阳货》）

佛肸是晋国大夫范中行的家臣，中牟（春秋时晋邑，地址在今河北邢台和邯郸之间）领地的长官。晋国的大夫赵简子和大夫范中行互相争夺权力，赵简子劫持国王，并以国王的名义逮捕范中行，佛肸以范中行的名义宣布独立。当时孔子正在周游列国，并正在计划访问晋国，这时候晋国发生了政治变化，并得到佛肸的邀请。

"亲于其身为不善"是什么意思呢？大意是说：自己内心和行为

不善良，但是自己不能自我省察，反而自己很亲近，很欣赏，把本来是羞耻的事情，当作光荣。或者是受国家和长官的培养，结果做出许多不对的事情。在子路看来，佛肸并不是一个很好的人，但是他邀请孔子去，不管其动机如何，是为了装饰一下，还是什么，都是好的。一个干部自己没有达到最好，不是最为严重的事情，最为严重的事情是不追求好，不喜爱好，不欢迎善良的人，不欢迎有智慧的人。因为不欢迎有智慧的人，就会使得自己或者某个组织失去了改善的机会，失去了改善的可能。一个好的干部是不会拒绝有智慧的人来造访的，而且还会主动邀请。

匏瓜，这种瓜果在成熟之后如果不及时采摘食用，就会纤维化或木质化，人们把它晾干制作成水壶和勺子。对于一个有政治理想的人，一个有智慧的人，有道德的人来说，是不会放弃任何一个改善政治及其文化的机会的。不管那里的政治环境有多坏，干部道德有多么低下。对于一个有政治理想的人来说，一个有智慧的人、有道德的人来说，他并不是总是有热情有心愿深入到政治生活中去。一旦热情消退，虽然也可以给人带来利益，但这种利益不是直接的，而是辅助性的。

佛肸向孔子发出邀请，孔子打算去。子路说：从前我听老师说过，对于那些做了不好的事情还自以为是的人，君子是不会亲近他的。佛肸在中牟独立了，背叛了自己的上司，您却要去，这怎么说得过去呢？

从这句话看来，子路并不是一个很好的政治家，不是一个好领导。他太善恶分明了。善恶是应该分明，问题是他的评价标准完全是依据老师的话，依据传闻，先入为主，就将佛肸打入了坏人之列。也许佛肸真的不好，但是他发出了邀请，这就说明还有机会迁善。干部待人不能先入为主，需要细心观察，并且注重实践，注重改造人心。对于一些原理和原则，在应用到不同情况的时候，需要以实践考察为主，

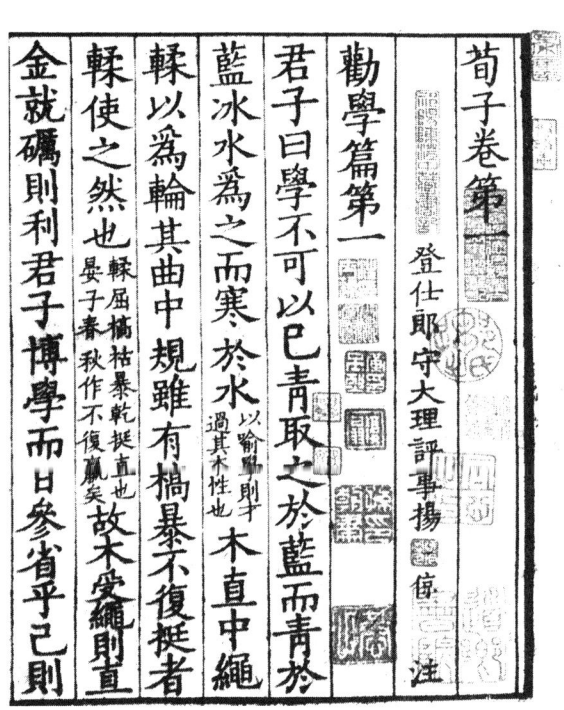

宋本扬倞《荀子》书影

《荀子》是儒家经典著作,唐代扬倞所注《荀子》是较早、较完善的注本

而不能随便套用。如果仅仅是把书本上的东西套用到某个事情上面，就显得没有智慧。

孔子说，是的，我说过这样的话。但是，你知道吗？最坚固的东西，磨也磨不薄；最白的东西，染也染不黑。一个很坚固的石头，像金刚钻一样，随便你怎么磨它，也不会碎。一块真正无瑕的白玉，无论如何染它，也不会变黑。

孔子没有明确说过人性本来清静，本来不能够被污染，但有类似的思想。神秀和慧能表示自己智慧修养的两段话可以帮助我们来理解孔子的思想。这就是：

"身是菩提树，心如明镜台。时时勤拂拭，勿使惹尘埃。"（慧能《坛经》）

"菩提本无树，明镜亦非台。佛性常清静（本来无一物），何处染（惹）尘埃。"（慧能《坛经》）

"不曰坚乎，磨而不磷；不曰白乎，涅而不缁。"（《论语·阳货》）

人的菩提智慧本性和人的佛性是"坚"，如金刚一样，坚不可摧，因为它无形无象，自然不可能像一个具体事物一样，被磨坏了。人的智慧是常明的，明镜本性无形无象，是绝对的、无形无象的白，自然没有什么地方可以污染，可以把这个白染成了黑的。

如果孔子也是坚持人的善良的一面，是至坚的话，那么，佛肸人性之薄，善良的缺失也只不过是一个假相罢了，是环境等原因造成的。一个人坏的方面并不在根本上影响本性的善。那么佛肸就是可以救药的。孔子就是帮助佛肸祛除生命中那些表面的灰尘的人。

如果孔子也坚信，一个发掘了本性善良一面的人是可以在污泥般的环境中不染的话，那么孔子去佛肸也就不存在什么根本的问题了。一个人如果有真正的内涵，则在任何一种环境、任何一个时代，都始终站得住。

孔子接着说，我难道是匏瓜吗？哪里能够是只悬挂着不给人吃呢？现在佛肸叫我去，就像他需要食用匏瓜一样，而我现在正有意去晋国，就像我正是可以食用的季节一样。所以我说，可以考虑去。但现在还没有成行，你不必如此紧张。从另外一个方面来说，我可能本来只不过是这个时代的一个装饰，像匏瓜一样只给人当样品一般欣赏而已。我难道没有自知之明吗？我只是说去，实际上也许是不会去的。

人性四德

在孟子看来，"人性之善也，犹水之就下也。人无有不善，水无有不下。"（《孟子·告子章句上》）在孟子的心目中，人人都有恻隐之心、羞恶之心、恭敬之心、是非之心。这是人本来就有的。正像大米等粮食是满足身体需要的食物一样，仁义礼智就是人心的粮食和食物，只有仁义礼智才能真正让人的心灵得到满足，让心灵感到"饱"。所以人不要丢失了这个善性，如果丢失了就要找回来，要"求放心"。仅仅知道自己有这个"四端"还不够，还要发展它，存养它，扩充它。这样人就能够获得天地间的地位，获得"天爵"，成为君子、圣人。保有"四端"，扩充"四端"，人就获得了高贵，这种高贵不同于由地位、金钱、名声而获得的高贵，是"良贵"。

人能自伪成善

是否承认人拥有自我清洁的能力，拥有不被染污的善性，是鉴别一个思想家是不是儒家的试金石。那么是否按照这一标准就排除了荀子的儒家地位呢？不会的。荀子名为性恶论，但他所说的"性"并不是就人全部来说的，他的"性"概念有自己的内容。就是指代人的身体有一些需要，他对身体的需要活动给了一个负面的价值评价，叫作"恶"。"今人之性，饥而欲饱，寒而欲暖，劳而欲休，此人之情性也。"（《荀子·性恶》）人饿了就要吃饭，冷了就要取暖，累了就要休息，眼睛喜欢看好看的东西，耳朵喜欢听好话。在荀子的心目中，这个东西就是人"性"，而且这个东西并不好。因为"生而有耳目之欲，有好声色焉，顺是，故淫乱生而礼义文理亡焉"（《荀子·性恶》）。

荀子并没有否认人还有善的一面，而且那一面依然是他思想的立足点，否则就应该把他从儒家中扫地出门了。只不过荀子认为圣人具有伪的能力，能够自然形成性伪合，从而创造礼仪，"礼义者，圣人之所生也，人之所学而能、所事而成者也"（《荀子·性恶》）。"所谓性善者，不离其朴而美之，不离其资而利之也。"（《荀子·性恶》）"故圣人化性而起伪，伪起而生礼义，礼义生而制法度。然则礼义法度者，是圣人之所生也。故圣人之所以同于众、其不异于众者，性也；所以异而过众者，伪也。"（《荀子·性恶》）圣人和一般人一样，也喜欢住好房子，喜欢开名车，喜欢听高雅音乐，不过不一样的地方是他们能够选择什么是该做的，能够认识到别人需要这些，从而能够制定礼仪，并根据礼仪来满足自己的需要。至于一般的人也具有"伪"而成善的能力，这就是学习。

3. 如何成圣贤：
天生的还是学来的？

儒家的人性概念本身就有天和人两个层面。人天生有善性，却也需要人去发挥出来，而人发挥出来善的一面，则更容易看出他人和天地的善良本性。这两个方面都很重要。

不过早期儒家也承认有天生比较合乎天地之善的人。如"诚者不勉而中，不思而得，从容中道，圣人也"（《中庸》）。至于其他的人就是需要学习的。"诚之者，择善而固执之者也。博学之，审问之，慎思之，明辨之，笃行之。"（《中庸》）如果天性不好，则需要更大的努力。

孟子说："人之所不学而能者，其良能也。所不虑而知者，其良知也。孩提之童，无不知爱其亲者，及其长也，无不知敬其兄也。亲亲，仁也。敬长，义也。无他，达之天下也。"（《孟子·尽心章句上》）在孟子看来，人不需要学习就会的能力是"良能"；不需要通过大脑思虑就能够知晓的能力是"良知"。人应该依赖的不是大脑的认知能力，也不是习得的道德，而是深层次的智慧。那么，这个能力在哪里去寻找呢？从哪里可以发现自己的"良知""良能"呢？从亲情关系中就可以发现。小孩爱自己的父母，尊敬自己的兄弟，就是良知良能的运用，其中有"仁心"和"义心"。人只要把"仁心"和"义心"实践出来，表现出来，体现在人的生活的方方面面，应用于社会之中，就可以了。孟子的学是内求，荀子理解的是学习"师法之化、礼义之道"，是学习"圣王之治、礼义之化"，是"强学"，这是"工人之伪"，通过学习经典和礼仪，人就会成为君子。

4. 圣贤：天乎？人乎？

如何成圣贤呢？这包含很多层面的问题。关键的问题是如何认识人的问题。在早期儒学看来，要从三个层面来看人，一个是天，一个是人性，一个是人伦。

其一，参天地。成圣贤就是齐天，可以说是"齐天大圣"。人是天生的，所以是"生民"。"天之生此民也，使先知觉后知，使先觉觉后觉也。"（《孟子·万章章句上》）人相对于"天"而言，就是天生出来的一个生命，所以是"生民"。天和宇宙构成了人生存的"场""域"，是人的一个根本的生存背景，人是天生的较为完美的生命，与天类似，所以要向天学习做人的道理，寻求人活着的意义，要像天一样承担责任。现代人都习惯向其他人看齐，看看其他人干什么，想什么，想要在他人面前出人头地。却很少想到在天面前出人头地。孟子提出了一个概念叫作"天爵"，认为人通过乐善布施就能够获得相对于天的地位。

孔子说："君子上达，小人下达。"（《论语·宪问》）还说过："不知命，无以为君子也。"（《论语·尧曰》）孟子说君子要"上下与天地同流"（《孟子·尽心章句上》），"命"字本身就有语言的意义，如命令、命名，也有使命的意思。天对人活着的意义的启示并不是像有个人一样告诉你，而是通过各种自然和人间的现象显示出来的。比如下雨不分人好坏，都会淋到身上，这显示了公正的意义。比如天总是四季变换，人也要学习天，春生、夏长、秋收、冬藏。比如你不知道天命是什么？但是可以通过他人的意见和内心的直觉来判定。因为在儒家看来天是内置在人性之中的。尊重人就是尊重天。尊重天就是尊重人。"孔子曰：'君子有三畏：畏天命，畏大人，畏圣人之言。小人不知天命而不畏也，狎大人，侮圣人之言。'"（《论语·季氏》）"知"天、"畏"天、"则"天的人是圣人。

天内置在人之中，人其实就是天。但尽管如此，人还是有差距的。有的人把天性中好的东西抛弃了，丢失了，偏离了天的正面价值。没有从天命中体会到好的东西，反倒是体会到了一些负面的东西。比如很多人说自然界就是生存竞争、弱肉强食，所以人也应该学习欺负弱小的，行霸权，信奉胜者王侯败者贼的逻辑。现代人还要体认天命，不是一定如早期儒家一样肯定天都是善的，但是我们却需要从中学习善的方面，而不能学习恶的方面。人为什么会对同样一个天有不同的看法呢？原因就在于人心和人欲？在于自己的固执、自己的意见，自己认为人能够知道什么是必然的，什么是一定的，太有"我"。孔子认为要去掉"我""固""必""意"这些东西，就能够认识天的意义了。宋明的理学家说要纯天理。

其二，展人性。成为圣贤就是要通过人力把内在于人性中的天的善良的一面体现出来、发挥出来、实现出来。关于这一点，前面已经有所论述。这一思路集中体现在《中庸》《大学》和《孟子》等书中。《中庸》说："天命之谓性，率性之谓道，修道之谓教。""自诚明，谓之性；自明诚，谓之教。""诚者，天之道也；诚之者，人之道也。"

这些话都告诉我们，天性在人身上，人需要让天性统领、统帅、主宰自己的人生。但是天性受到人欲的影响会被遮住，就像阳光会被乌云挡住一样，也像水流会被污染或者被石头阻碍一样，需要人用自己的力量拨开云雾见青天。前者是"率性"，后者是"修道"。但是人用什么力量让乌云离开呢？还是靠透过来的阳光。就像一个光源在洞穴里面，你要想看到光源，需要通过光源透出来的那点亮光。人的善心、人的善良的话、善良的行为等就是透出来的那个亮光。光源是"诚"的光明，透出来的也是"明"，接着这个透出来的光明回到诚的源头，就是一个有教养的人了。这样的人就成为圣贤了。人成为天命和天道的体现者，承担对天地的责任，拥有相对于天地的高贵地位，拥有相对于天地的尊严，是天地的工具，也是天地的主人。

其三，尽人伦。自己可以做到这一点，其他人自然也可以，自己里面有天性，他人也有天性。所以对待其他人也要像尊重天一样去尊重。因为其他人也有天和人两面，有好和坏两面。那么对待他人基本的道理就是要学习别人善的一面，而去掉不善的一面。择其善者而学之，择其不善者而改之。这就是孔子所说的"君子成人之美，不成人之恶；小人反是"（《论语·颜渊》）。君子关注他人优点，学习他人的优点，并且帮助他人完善自己，而不会看别人的缺点，或者让人更加消极，走向负面的生活。孟子认为圣人是"人伦之至"，在不同的角色上都能够尽善性。

三个方面合起来就是尽心、尽性、尽伦、参天地。"能尽人之性，则能尽物之性；能尽物之性，则可以赞天地之化育；可以赞天地之化育，则可以与天地参矣。"（《中庸》）天、自我和他人三个方面是一个统一的整体，其核心是表现善良的一面。这样就看到了天的本质意义，也发挥了自己的本性，也算是真正的对他人的尊重，完成了人的人伦任务。

5. 内求还是外求？

　　成为圣贤重点要内求，但不否定外修，也可以说是内外兼修。《论语·里仁》记载这样一段话："见贤思齐焉，见不贤而内自省也。"这就是一个内外兼顾的说法。贤人是外，内省是内，落脚点是内修。外表的人和事都是自修的条件，是帮助自我反省和自我提升的，外修是尽人伦之道。内省的方法包括如下一些基本的方法：

　　其一，慎独、诚意的方法。你单独在一个屋子里面想的事情、说的话、做的事情，真的别人不会知道吗？在儒家看来是会知道的。虽然别人不一定听到、看到，但是能够有直觉，能够感觉到。我经常讲这个道理。比如你刚刚说了一个人坏话，隔天你见到他，你总觉得他知道了似的。尽管你后来发现他并不知道，但是他对你的态度会有变化，会不好，好像他知道了似的。为什么呢？尽管人可以欺骗人，但是在早期儒家看来，每个人在道面前都是敞开的，就像都敞开在阳光下面一样。这个世界有秘密，也没有秘密。有秘密是相对于离开道而言的，对于得道者来说又是没有秘密的。"道也者，不可须臾离也，可离非道也。"（《中庸》）所以人在说话做事的时候，即便没有人监督，没有人看见，没有人听见，也要像有人在监督一样，这就是《大学》所说的诚意的方法。

其二，正心的方法。就是要去掉人的不良情绪和不好的心情，比如愤怒、恐惧、忧心等。如何能做到这一点呢？就是要"心不在焉"。"心不在焉，视而不见，听而不闻，食而不知其味。此谓修身在正其心。"（《大学》）正心就是不让心放在外在的事物上面，从而受到外物的影响从而有忿懥、恐惧、好乐、忧患。用注意力去看和一般的看不一样，动心去看和一般的看也不一样，越用心，获得的关于外界的印象就越多，也就越难以忘记，从而让心里面满满的，不放松，不轻松。要轻松就是要能够放下，心不放在外物上面。

其三，对内心进行学、问、思、辨的方法。这就是："博学之，审问之，慎思之，明辨之，笃行之。"其实是一种内在的觉，内在的思，内在的辨，内在的问。博学是说学之博，也就是觉悟之大、之厚，觉悟的大当然道体显现的也大；觉悟大了但还不一定能弄清楚自己的内心，这需要反问内心，通过问让内心的条理清楚。

其四，求放心、养心、扩充心的方法。如果善心没有了，就要找回来。"孟子曰：'仁，人心也；义，人路也。舍其路而弗由，放其心而不知求，哀哉！人有鸡犬放，则知求之；有放心而不知求。学问之道无他，求其放心而已矣。'"（《孟子·告子章句上》）孟子说，仁是人的善心，义是人的正路。放弃了他的正路而不走，丢失了他的善心而不寻找，可悲啊！有人走失了鸡狗还知道去寻找，有人丢失了善心却不知道去寻找。求学请教的道理不在于别的，在于找回他丢失了的善心罢了。善心找回来以后，就要存在心中。在孟子看来，人和禽兽的不同之处，就在于人有仁义之心，人的行为是在仁义之心的指导下完成的。因而要求人主动、自觉地把仁义之心体现在自己的生活之中。经过存养就会形成一种通达天地的浩然之气。

6. 谁能成圣贤：
所有人还是个别人？

在儒家看来，每个人都能成君子，至于是否每个人都能成为圣人，儒家内部的看法并不一致。用今天的话来说，每个人都可以让自己更完善，成为一个更好的人是没有问题的。

孔子比较现实，认为人能成为君子。"子曰：圣人，吾不得而见之矣；得见君子者，斯可矣。"（《论语·述而》）孔子还很谦虚地表示自己不是圣人，"若圣与仁，则吾岂敢？抑为之不厌，诲人不倦，则可谓云尔已矣！"（《论语·述而》）在孔子心目中，圣人为什么这样难成呢？因为圣人能够自动地帮助所有的人，对所有人有利益，给予的东西也是广泛的，甚至是超出人的想象之外的，圣人和众人的关系是高高在上的。

《孟子·告子章句下》记载曹交问孟子："人人都能成为尧、舜，有这说法吗？"孟子说有。曹交又说："我听说文王身长十尺，汤身长九尺，我曹交有九尺四寸多高，吃饭还可以，至于在道德方面成为尧、舜怎么能做到呢?"孟子说:"这有什么难的呢?只要去做就行了。如果有个人,力气提不起一只小鸡,那他就是个没有力气的人了;如果说能举起三千斤的东西,那就是个很有力气的人了。既然这样,那么只要能举起大力士乌获举过的重量,这样也就成为乌获了。一个人可担心的,难道在于不能胜任吗?在于不去做罢了。慢慢地跟在长者后面走,叫作悌;快步抢在长者前面走,叫作不悌。慢慢走,难道是一个人不能做到的吗?不去做罢了。尧、舜之道,孝和悌而已。如果你穿尧所穿的衣服,说尧所说的话,做尧所做的事,这样也就成为尧了。如果你穿桀所穿的衣服,说桀所说的话,做桀所做的事,这样就变成桀了。"曹交说:"我能见到邹君,可以向他借个住处,愿意留下来在您门下学习。"孟子说:"尧舜之道就像大路一样,哪里是难懂的呢?就怕人们不去寻求罢了。你回去寻求吧,会有很多老师的。"

人人都可以为尧舜是什么意思?曹交从人的身体方面来提出论据,指出文王和汤与自己的身高并不相同,自然体力不一样,饭量也不一样,怎么人人都可以学习尧舜,并成为尧舜呢?孟子在回答这个问题的时候表达了自己的一系列观点。

其一,所谓的"人皆可以为尧舜"中"可以为"指的是根据自己的能力去为。并不是要一个能举一百斤重的人去举一千斤。

其二,在每个人能力范畴之内最主要的事情是孝悌之道。就像一个人要走在长者的后面,这没有什么困难的。这是在每个人的能力范围之内的事情。

其三,人要对善有一个自我承担的精神,认识自己的伟大之处,不要总想着自己是渺小的。如果认识到了自己本性的高贵,再在有形的方面,在言行中表现出来,那不就是成为尧舜了吗!人本性都是一样的,成为尧或桀就像自己选择要演戏中的哪一个角色似的,全在于自己的主宰和选择。

其四,道是大路,不是被哪一个单独的人单独享有的东西,每个人只要去求索,就不难领会。只要求了,或许自己的内心就是自己的老师,并且可以从别人那里学习到道的讯息。

圣人具有极强的向善的动力。孟子曰:"舜之居深山之中,与木石居,与鹿豕游,其所以异于深山之野人者几希。及其闻一善言,见一善行,若决江河,沛然莫之能御也。"(《孟子·尽心章句上》)舜住在深山里,用树木、石头做房子,与鹿、猪相处,和深山里的百姓也看不出有什么差别。可是等他听了一句善言,见了一种善行,就会立即照着去做,像决了口的江河一般,澎湃之势没有谁能阻挡得住的。

荀子在《荀子·儒效》中说:"故圣人也者,人之所积也。"就像人种地一样,一直种地就成了农夫,一直当官就成了官员,一直买卖东西就成了商人,一直修自行车就成了自行车修理匠。君子和圣人是干什么的呢?是干礼仪这行的。"积礼义而为君子。"(《荀子·儒效》)

7. 圣贤的德性生活

早期儒学提出了中国人基本的道德范畴，三言两语难以说清楚。在这里只是进行大略的说明。概括起来可以讲三句话：

其一，无我。"毋意，毋必，毋固，毋我。"（《论语·子罕》）这个原理类似于道家讲的去"私"，类似于佛家所讲的去"执"。有我的表现很多，比如你习惯一件事情，你就容易认为这个就是对的，然后就很难接受别人不同的习惯。比如你有一个看法，就会太执着于这个看法，无法接受别人的意见，这都是有我的表现。完全无我是不可能的，因为我们一发言就要用到"我"字，"我认为""我觉得"等。但是不要让有我伤害到自己的生活，更不要因而伤害到别人的生活。也就是说不要太固执，不要总是认为自己的就是对的，认为自己的看法就一定是真理，不要以自己的习惯、气质、精力、文化等来看待事物，看待他人。

其二，仁义礼智。早期儒学关于仁义礼智有很多说法，可以通过孟子的思想来认识。仁就是爱人，就是恻隐之心；义就是羞恶之心；智就是是非之心；礼就是恭敬和辞让之心，就是能够区分什么是值得尊重的事物，区分事物之间的价值等级和界限。

其三，"温、良、恭、俭、让"和"恭、宽、信、敏、惠"。"宽则得众，信则民任焉，敏则有功，公则说。"（《论语·尧曰》）宽是宽容，能够设身处地从他人的角度考虑问题。这是无我的人的表现。只有无我，才能以心换心，从别人的角度来考虑问题，才会同情别人，包容别人。信是真实、诚实。放下自我，才能和别人很好地沟通，沟通好了，彼此交流充分了，信息畅通了，彼此之间才会有信心，才会有诚信。时时刻刻想到别人可能知道自己的想法，自然自己在言行的时候就会保持慎独，保持诚实面对自己和他人的心态。这样就是诚实的人了。这是君子人格的基本表现。诚实的人不会是麻木的人。人为什么会变得麻木呢？就是因为太执着于自我的缘故。太自我的人只能感受到自己范围内的事情，自然对于其他生命的痛苦和快乐毫无感觉，反应不敏锐，这就是麻木不仁。一个太自我的人很难给别人真正的恩惠。因为那些恩惠都是在支配别人、统治别人的心态下发生的。君子无我，所以能够真正给别人恩惠，而无交换和交易的想法。君子无我，自然能够对善良的人做出谦让。君子追求善，自然对自我有自信，尊重自己，让人感到肃然起敬。太自我的人，总是表现为太执着于这个世界，自然难以做到节俭。太自我的人总是不够温和，"自我"就像刺猬身上的刺，总是很扎人。君子则是温和的。

小知识◎圣贤的穿衣之道

> 《说文》："儒，柔也，术士之称。从人，需声。""需"有柔软的意思。"儒"有多意，那么什么样的人才说得上是

儒者呢？"孔某盛容修饰以蛊世，弦歌鼓舞以聚徒……繁饰邪术以营世君。"（《墨子·非儒下》）根据胡适的说法，儒的一个特征是穿殷朝的服装，穿戴古代的衣冠。今天也有人喜欢穿穿汉服、唐装，穿穿长袍马褂表示自己对传统的留恋。孔子所创立的儒学的确对服装有一些说明，但是并不一定要执着在服装上才是儒者，也就是说不一定儒者就不能穿裙子，穿短裤，关键是要领会服装的精神，有儒家的风范。《礼记·儒行》中记载鲁哀公："鲁哀公问于孔子曰：夫子之服，其儒服与？孔子对曰：丘少居鲁，衣逢掖之衣，长居宋，冠章甫之冠。丘闻之也：君子之学也博，其服也乡；丘不知儒服。"（《礼记·儒行》）

8. 圣贤的饮食之道

人们常常用吃来指代中国人和中国文化。今日的中国文化的一个很大特色就是"吃",小吃街、大饭店比比皆是。凡红白喜事,节庆之日,均要大吃一番,吃得好是富贵有钱的象征,吃得简单则往往被认为是寒酸。孙隆基还提出了身体化的说法。"所谓'身体化'的存在,就是指将整个生活的意向都导向满足'身'之需要。"这个可不是儒家圣贤所倡导的。随着全球环境问题进入大众的视野,吃什么的问题变成了一个全球性的问题,一个衡量人类文明发展尺度的问题。人类应该吃什么,佛教有明确的回答。但儒学的创始人孔子是如何理解的,却晦暗不明。为了说明这个问题,我们先从孔子坚持的大道理入手。

"子曰:'君子食无求饱,居无求安,敏于事而慎于言,就有道而正焉,可谓好学也已。'"(《论语·学而》)在这里,"好学"的表现或者条件之一就是"食无求饱","好学"表现在对食物没有过分的关注和要求,把心思用在"学"上面。饮食不仅仅和"学"有关,还和"道"有关。"子曰:'君子谋道不谋食。'"(《论语·卫灵公》)"谋"涉及精神和物质的投入,孔子希望把人生的精力用在"道"上面,

冉求
海南文昌市文城镇文东里20号文昌孔庙中有此画像。冉求（前522～前489年），通称冉有，以政事见称，尤擅长理财

而不是用在饮食方面。"子曰：'士志于道，而耻恶衣恶食者，未足与议也。'"（《论语·里仁》）士人不以"恶衣恶食"为耻。

"哀公问于孔子曰：'智者寿乎？仁者寿乎？'孔子对曰：'然。人有三死而非其命也，己自取也。夫寝处不时，饮食不节，逸劳过度者，疾共杀之。'"（《孔子家语·王仪解第七》）显然，饮食有节是仁者寿、智者寿的实践的和逻辑的要求。关于"节"，一般理解是有规律。

问题是饮食有节是什么程度的节制呢？比如少吃肉，在不同的条件下节制肉食等，但也不排除有较为严格的功利原则的考虑，就是完全的素食，或者不食。孔子有仁爱的思想，对动物有仁爱之心这一点是没有什么疑问的。有疑问的是孔子会选择最大的功利的性的善的量，还是会选择较小的善的量，或者在不同的情境下有不同的选择呢？这一点很难依据历史资料判断，但是如下可供读者参考。

其一，"终日不食"。一天什么都不吃当然对任何生命都没有伤害，但是不符合人生命的常情。子夏曾经说"不食者不死而神"（《孔子家语·执辔第二十五》）。不过孔子没有明确肯定或者否定。孔子描述自己曾经"终日不食"（《论语·卫灵公》）。

其二，"食气"。因为"食气"中的"气"，不伤害动植物，相对于大多数人的饮食习惯而言也是不食的一个种类。"食气"的概念后在被打上了鲜明的道家的色彩。如庄子说"藐姑射之山"的"神人""不食五谷，吸风饮露"（《庄子·逍遥游》）。这类概念是否也为孔子所知晓或者认可呢？子夏提到过"食气者神明而寿"（《孔子家语·执辔第二十五》）。"肉虽多，不使胜食气"（《论语·乡党》）。一般人认为这句话的意思是说，要搭配好肉和饭的比例，不要吃肉的比例超过了吃饭。这种理解把孔子说成是少吃肉、多吃菜，这样杀动物较少，自然有一定量的善。

其三，蔬食。子夏说："食谷者智惠而巧。"（《孔子家语·执辔第二十五》）《礼记》中说："孔子食于季氏，不辞，不食肉而飧。"（《礼记·玉藻第十三》）这里提到孔子在吃晚饭的时候不吃肉。"君赐食，必正席先尝之；君赐腥，必熟而荐之；君赐生，必畜之。侍食于君，君祭，先饭。"（《论语·乡党》）君子赐予饭，孔子都要先尝尝看，孔子为什么要尝尝看呢？显然是不放心。和君主一起吃饭，单单吃饭，而且先尝尝，看看是不是素食的。假设孔子自己不食肉，那自然对于别人给的肉食，需要拒绝，但如果是君主给的该怎么办呢？如果是死掉的，就弄熟了，送给别人；如果是活物就养起来。

其四，节制性的荤食。有节制性的肉食和酒食。如孔子提出了如下一些说法。"鱼馁而肉败，不食。"（《论语·乡党》）"色恶，不食。"（《论语·乡党》）"臭恶，不食。"（《论语·乡党》）"割不正，不食。"（《论语·乡党》）"沽酒市脯，不食。"（《论语·乡党》）"唯酒无量，不及乱。"（《论语·乡党》）酒会越喝越多，直到喝多，否则不会停止。

饮食要懂礼、守礼。如"食不语"。（《论语·乡党》）专心吃饭，更有营养。"不时，不食。"（《论语·乡党》）不是吃饭的时间，孔子不食用。"子曰：'事君，敬其事而后其食。'"（《论语·卫灵公》）孔子希望所获的消费资料是建立在自己的劳动付出的基础之上的。

或许，因为社会环境使然，孔子在坚持仁爱的饮食原则的时候是灵活多样的，而且也会入乡随俗。

小知识◎圣贤的财富之道

圣贤不拒绝财富，但有自己的财富观。圣贤因为无我。无我的人不执着于世界，自然包括不执着于财富。这样的人不会因为贫富而改变自己的人格，不会因为贫穷抱怨他人和社会，不会因为富贵而傲慢轻视别人，看不起别人。"子曰：'贫而无怨难，富而无骄易。'"（《论语·宪问》）因为无我，所以贫穷不会因为财富去巴结别人，富贵不会骄傲。但仅仅达到这一点还不够，还要追求道，学习礼，"贫而乐道，富而好礼"（《论语·学而》）。道是重要的，义是重要的，财富是次要的。财富的取得需要不违背道和义。"不义而富且贵，于我如浮云。"（《论语·述而》）"子曰：'富与贵是人之所欲也；不以其道得之，不处也。贫与贱是人之所恶也；不以其道得之，不去也。'"（《论语·里仁》）"子曰：'富而可求也，虽执鞭之士，吾亦为之。如不可求，从吾所好。'"（《论语·述而》）"子曰：'邦有道，贫且贱焉，耻也。邦无道，富且贵焉，耻也。'"（《论语·泰伯》）

另外，"君子周急不继富"（《论语·雍也》）。把财富用在需要的人身上，而不是用在不急需的人身上。

9. 圣贤的家庭之道

早期儒家重视家庭，韩非子曾经对此有批评，认为为了家人的利益容易不顾国家利益，违反法律，另外家庭关系也未必和谐。现代很多人也认为太过重视人伦家庭容易导致裙带关系。早期儒家重视人伦亲情，但又不拘泥于人伦亲情。关键的问题在于家庭中要有道，有理想，有健康的情感。

"子曰：'父母在，不远游，游必有方。'"（《论语·里仁》）为什么不远游呢？家庭中有"道德"，是一个"修道德"的共同体。或许当时"道德"是父子相传的，那些有道德的家族兴旺发达起来，成为部落，甚至组织更为系统化的国家。修道德是其最高的价值追求，所以没有必要远游。如果远游也必须是基于道德的理由。在《道德经》中有"不出户，知天下；不窥牖，见天道"（《道德经》第47章）。子夏曾经说："虽小道，必有可观者焉；致远恐泥，是以君子不为也。"（《论语·子张》）"子曰：'三年无改于父之道，可谓孝矣。'"（《论语·里仁》）"父之道"中的"道"字很关键。守三年，代表道德还不稳固，一起守丧，共同修养道德，共同鼓励，由于道德的价值高于财富的价值，所以这个说法才会成立。对家庭的尊重其实质是其中的"道",所以也就存在着为"道"而离开家庭的诉求。"四海之内皆兄弟也。"(《论语·颜渊》)

10. 圣贤的交友之道

"友",与"右"的字根相同,有尊崇的意思。再加以引申,就是同字根词"佑",表示帮助、赐福、保佑。朋友关系包含两个方面。

其一,自己追求优秀,并帮助别人更优秀。朋友要努力使得自己高尚和优秀,自己高于他人,但自己又可以给别人教益,给他人提供意义的源泉,或者提供利益的帮助,帮助他人人格的成长。"子曰:'老者安之,朋友信之,少者怀之。'"(《论语·公冶长》)"信之"包含了自己相对于他人的高贵的自信,从而基于这个自信相信他人也可以像自己一样。"子曰:'主忠信,毋友不如己者,过则勿惮改。'"(《论语·子罕》)这里的"不如己"主要是道德价值上的"不如己"。从这个句子来看,"忠信"要求克服道德价值上"不如己者"对自己的消极影响,保持自己积极的人生追求。"忠"要求用自我的正面价值来引导他人。

其二,学习别人好的方面。孔子说:"匿怨而友其人,左丘明耻之,丘亦耻之。"(《论语·公冶长》)他认为如果一个人"匿怨",却以之为友,这是应该感到耻辱的,应该"友其士之仁者"(《论语·卫

孔子教子路行仁

子路在蒲当官的时候,遇到自然灾害就把自己家里的东西拿出来给百姓用,孔子认为这不是仁政,仁政要依靠行政体制,用政府的力量来帮助百姓,而不单单是靠个人的力量

灵公》)。孔子对可"友"之人的规定是"直""谅""多闻"。"孔子曰：'益者三友，损者三友：友直，友谅，友多闻，益矣；友便辟，友善柔，友便佞，损矣。'"(《论语·季氏》)而"便辟""善柔""便佞"之人，如果和他们成为朋友，就会导致人际关系的善受到伤害。

有人说重视朋友关系会伤害正义，其实不是这样的。做朋友就是要帮助朋友变得更好，要让自己变得更好。这样的朋友是有利于社会的。

11. 圣贤的从政之道

孔子离开了自己挚爱的家乡鲁国，带领弟子悠然自得地走在去往卫国的路上。边走边和弟子讨论学问和人生，时而欣赏高山，时而跋涉河流，暂时忘却了政治旋涡的烦恼，倒也快乐！不过弟子们心里还是不太快乐，毕竟这样一群才华横溢的年轻人，还想有一番作为啊！

一天，子路、曾皙（名点，曾参的父亲）、冉有、公西华四个人陪孔子坐着。孔子说道：我比你们年纪都大，老了，没有人用我了。你们平日说："没有人重用我呀！假若有人重用你，那你怎么办呢？"

子路抢着先说话了。子路何许人也？他是一个政府全能主义者。他说让我干用不了几年就把国家的问题解决了。子路说，我会先解决贫穷问题，然后解决国家名气不大、实力不强的问题。孔子笑了，这个子路啊，一个标准的政治热情主义者，想做事，也能做事，但干不好事，没远见，见物不见人。

接着，冉有说话了。冉有说：如果让我治理国家，可以使这个国家物质丰足，老百姓丰衣足食，至于国家的礼乐文化、老百姓精神方面的追求，我是没什么办法的，只有依靠君子来完成这个任务。冉有倒还谦虚,眼睛里面不全是物啊物啊的,看见了百姓。

然后公西华说话了。他说:我不敢说有什么能力。我的最大的优点是善于学习,善于使用能干的有才华的人。另外,我可能更关注老百姓的精神追求,比如让老百姓感觉幸福什么的。

最后轮到曾皙了。曾皙慢慢地弹着琴瑟,等着声音快结束的时候,一下子停了下来,发出很大的一声。站起来说,我对自己理想的描绘和他们三个不太一样。孔子说:没关系。你对理想的描绘、规划

子路

孔子的弟子子路,又字季路,性格爽直,好武勇,关心政治,以政事见称,爱护老师的名声,在保护老师方面功不可没

与他们不同也不会伤害到他们,不会伤害到他们的自尊心。大家不过是谈谈自己内心的追求罢了。没有谁高谁低的,不用在乎面子,说说吧!曾皙说:晚春的时候,穿上晚春的新装,和五六个成年人,六七个小孩,在沂水旁边洗洗澡,在舞雩台上吹吹风,一路唱歌,一路走过来。

曾皙的政治理想是:个人和社会的和谐,个人在日常生活中感觉不到政治的存在,政治不是和个人对立的,而是统一的、和谐的。孔子追求个人和政治的和谐,个人在政治和社会生活中可以自然、健康地成长。

"莫春":和谐政治关心生长,生命的生长。春天是万物复苏、开始生长的季节。曾皙喜欢春天,说明看到万物生长,是曾皙政治理想的目的。

"春服既成":人人都有物质生活的必需品,人人都有审美意识,

有求美之心，对事物有审美的态度，人人都讲究礼。

"冠者五六人，童子六七人"：曾皙和五六个成年人，六七个小孩，这是个人和群体的关系，个人和社会关系。这说明，曾皙渴望政治要保证个人与社会相和谐。五六个成年人，六七个小孩，这是一种代际关系，说明曾皙渴望两代人之间、代际之间的和谐和正义。

"浴乎沂"：曾皙喜欢和众人到自然界去，说明他关心人与自然的世代和谐。沂水，源出于山东邹县东北，西流经曲阜和洙水相合，入于泗水。智者乐水，说明曾皙希望人人都能够追求智慧，希望政治能够帮助人们追求智慧，在智慧之水中游泳，在智慧之水中洗净身心的污垢。人在低处能够享受低处的乐趣。

"风乎舞雩"：沂水北对稷门，一个叫高门，一个叫雩门，南隔水有雩坛，高三长，就是曾皙所说的"雩"。"风乎舞雩"说明他希望雩坛不再发挥祈雨的功能，已经实现风调雨顺了。自然界自身也是和谐的。仁者乐山，也说明曾皙希望政治能够帮助人人都成为仁者，向往高山，努力上进。人在高处可以自由享受高处的乐趣。喜欢能够和众人一起享受自然，说明曾皙心目中理想的政治包含着建立人与自然的和谐关系的愿望。曾皙和五六个成年人、六七个小孩一起，是持续的和谐，是可持续的发展。

"咏而归"：说明他追求人的快乐，政治应该让人快乐，而不是让人烦恼。政治要为民众谋幸福，而不是让民众痛苦。政治要让民众自在，而不是让民众如入枷锁之中。

孔子长叹一声说：我的想法和曾皙一样啊！

图书在版编目（CIP）数据

儒学滥觞：孔子与早期儒学 / 周海春著. — 郑州：中州古籍出版社，2014.5
（华夏文库）
ISBN 978-7-5348-4565-9

Ⅰ.①儒… Ⅱ.①周… Ⅲ.①孔丘（前551～前479）- 人物研究②儒家 - 研究 Ⅳ.①B222.25

中国版本图书馆CIP数据核字（2013）第305534号

华夏文库·儒学书系
儒学滥觞：孔子与早期儒学

总 策 划　耿相新　郭孟良
责任编辑　杨天荣
封面设计　新海岸设计中心
版式设计　曾晶晶
美术编辑　曾晶晶
责任印制　刘新毅
项目统筹　单占生　萧　红（执行）

出　版	中州古籍出版社
	地址：河南省郑州市经五路66号
	邮编：450002
	电话：0371-65788693
经　销	新华书店
印　刷	河南新华印刷集团有限公司
版　次	2014年5月第1版
印　次	2014年5月第1次印刷
开　本	960毫米×640毫米　1/16
印　张	8.25印张
字　数	60千字
印　数	1-3000册
定　价	21.00元

本书如有印装质量问题，由承印厂负责调换